es 1643
edition suhrkamp
Neue Folge Band 643

Der belauschte Lärm: Ein poetisch-philosophisches Buch über die vier Großbereiche Lärm, Musik, Sprache und Stille. Die durchkomponierten Kapitel, die auseinander hervorwachsen, präsentieren sich in bunter Reihe als essayistischer Klagegesang, philosophische Satire (Typologie der Lärmenden) und dramatische Szene (Wortstreite zwischen sieben und mehr Teilnehmern); erzählende Partien wechseln sich ab mit lyrischen (Hymnos an Vater Lärm). Anhand einer Zitatenkette wird eine Geschichte der Geräuschempfindlichkeit skizziert. Als Zentralthema entpuppt sich nach und nach weniger der Lärm als die Musik, und zwar jede Musik, einschließlich Sphärengesang, Sirenengeheul, Vogelgezwitscher und Händeklatschen. Eine perfide Polemik gegen Rockmusik (hier wird versuchsweise die Klassik dem Eros und der Rock dem Sexus parallelisiert) wird weiterentwickelt und wiederholt in den nachfolgenden Diskussionskapiteln, in denen sich alles auflöst in die meditation music der Gegenwart.

Der belauschte Lärm: Nichts weniger als Ulrich Holbeins Beitrag zu einer Ästhetik der Musik.

Ulrich Holbein, geboren 1953, wohnhaft in Nordhessen. Von ihm erschien zuletzt in der edition suhrkamp der Band *Samthase und Odradek* (es 1575).

Ulrich Holbein
Der belauschte Lärm

Suhrkamp

edition suhrkamp 1643
Neue Folge Band 643
Erste Auflage 1991
© Suhrkamp Verlag Frankfurt am Main 1991
Erstausgabe
Alle Rechte vorbehalten, insbesondere das der Übersetzung,
des öffentlichen Vortrags
sowie der Übertragung durch Rundfunk und Fernsehen,
auch einzelner Teile.
Satz: Hümmer, Waldbüttelbrunn
Druck: Nomos Verlagsgesellschaft, Baden-Baden
Umschlagentwurf: Willy Fleckhaus
Printed in Germany

1 2 3 4 5 6 – 96 95 94 93 92 91

Inhalt

Der beliebte Lärm

Urknall und Schlagzeug 9
Die durch ein Donnerwetter unterbrochene
Hirtenwonne 13
Fabel vom akustischen Vierstaatenbund 16
Hauskonzert zwischen 6 und 8 19
Typologie der Lärmenden 23
  Der Lärmfetischist 23
  Der Hörsüchtige, ohne Walkman 26
  Der Hörsüchtige, mit Walkman 28
  Der Unempfindliche 30
  Der Zwecklärmer 33
  Der Lärmbekämpfer 35
  Der Lärmapologet 39
  Der Geräuschempfindliche 41
Schlagabtausch zu siebt 48
Hymnos an Vater Lärm 76

Die angebliche Musik

Zwitschermaschine im Frühstadium 81
Rock & Classic intim 94
Der unschädliche Lärm 100
Aspekte der Poly-Kakophonie 104
U-Lärm und E-Lärm 108
Meditativer Wiederholungslärm 120

Taub   134
Der Lärm der Sphären   136
Sirenengesang und Sirenengejaul   144
Lärm und Licht   158
Metaphysik der Unterbrechung   161
Frenetische Musik   173

Das unverständliche Wort

Das eingeflüsterte Wort   181
Die Figur des Lauschers   184
Wortgeräusch und Rotationsmaschine   188
Das decodierbare Wort   190

Die unverläßliche Stille

Es gibt weder Lärm noch Stille   195
Nirwana in h-moll   197
Bewegung am Rande des Verstummens   199
Doch die Stille gibt keine Ruhe   202
Vom Pluralismus des Schweigens   204
Vater Lärm und das Pst! des Harpokrates   207

Der beliebte Lärm

Urknall und Schlagzeug

Der Lärm war lange einsam. In seiner ersten Großtat, dem Urknall, hatte er sich von seiner lautesten Seite gezeigt, aber kein Gehör gefunden. Frustrierter Nachhall drang durch die Öde des jungen Kosmos. Knisternd um sich selber kreisende Feedbacklosigkeit zog sich im Hintergrundsrauschen in die Länge.

Schließlich, nach etlichen Jahrmilliarden, hielt es der Lärm nicht länger aus. Er brauchte Applaus, und vorher wollte er gehört werden. Es war, als ahne er, daß gehörter Lärm sich anders anhören würde als ungehörter Lärm, ganz anders, absolut anders! Geduldig beschallte er ein Stückchen Haut, irgendwann begann das Stückchen auf die Versuche anzusprechen. Der Lärm erhöhte und senkte und erhöhte die Dosis, bis die Haut eine Reaktion zeigte, tatsächlich ein bißchen mitschwang. Noch hörte das entstehende Vor-Ohr nichts oder wenig. Der Lärm, der damals nicht besonders hörenswert war, gab sich Mühe, immer angenehmer klang er, das vibrierende Vor-Ohr hörte immer genauer hin, es hörte viel in den Lärm hinein, so lange, bis es zum Ohr geworden war und genau gleichzeitig der kosmische Radau zur Harmonie der Sphären. Von nun an verhielt sich der Lärm relativ rücksichtsvoll, das konnte man dem frisch entstandenen Ohr nicht antun, nochmal so einen Volltreffer loszulassen wie seinerzeit den Urknall.

Bevor der Urknall die Stille in jede Richtung hinwegstieß, kann es nicht völlig still gewesen sein. Zur Vorgeschichte des Urknalls muß Ruhe vor dem Sturm gehört haben. Dem Gewitterschlag aus Beethovens Pastorale lief ungut warnend, in fahlem Licht, eine Pikkoloflöte voraus. Vielleicht gab es kleine Stauungen innerhalb der kosmischen Stille, Unruhe im präexistenten Rauschspektrum, ein Sammeln, da braute sich suspekt was zusammen, da atmete was ein, da nahm was lautlos Anlauf, eine ungeheuerliche Systole, da nahm unmerklich eine Spannung zu im Stagnieren eventueller Unhörbarkeiten, Dilettanten mögen sich eine Art präludierenden Trommelwirbels vorstellen, sowas gab es garantiert nicht, vielleicht aber Verschiebungen in der Intensität der Dauertöne, ein Aussetzen innerhalb der Frequenzen, in den Lücken ein Durchbrechen stillen Rauschens, gleichmäßige Quanten bei regelmäßigem Aussetzen, also doch ein kosmisches Trommeln – vielleicht hätte es sich aus der Ferne nicht sehr anders angehört als der Herzschlag der schwangeren Mutter für das pränatale Öhrchen, nämlich wie eine fern tosende, alles ausfüllende Fabrikhalle, ein neun Monate langes Live-Konzert, ein Pop-Festival mit langsamen Titeln beim Schlaf der Mutter und schnellen Titeln beim Treppensteigen hinauf zur Schwangerschaftsgymnastik, oder bei seelischer Aufregung, oder bei plötzlichem Lärm; eine Dauermusik ohne Auftakt und Finale, Gesang durchbluteten Schlagzeugs, das sich selber schlägt, ohne Schlagzeuger, ohne Anschlagmittel, ohne blaue Flecken zu bekommen, ohne wund zu werden, ohne genug zu kriegen von der hallenden Nachtschicht, von der lebenslangen Dresche, von der neunundsiebzig Jahre währenden Endlosschleife – aus, ich kann nicht mehr. Bei diesem Lärm soll einer seine Urknalltheorie entfalten! Bei Herrn Maul klingelt's schon wieder, dringend, als gäbe es in der heutigen Zeit nichts Vordringlicheres, als mit Herrn Maul ins Gespräch zu kommen, ich bin sogar mitten im Satz aufgesprungen, schräg drüber hat jemand was fallen lassen und neben mir – E-Baß und Schlagzeug, dezent, aber vorhanden, da war es in der

Landskronstraße 19 fast ruhiger, die Autos kamen immer nur von einer Seite, ich kann doch nicht schon wieder umziehn.

Ehe ich jetzt wieder reinkomme in den Text – war ich überhaupt drin? Lebenslange Dresche, neunundsiebzig Jahre währende Endlosschleife – das hat doch alles schon mal viel besser geklungen. Und vor allem: Eignet sich sowas Repräsentatives überhaupt für den Anfang? Alles viel zu offiziell und kosmisch. Wie ich das powerfull hochziehe, das klingt ja wie das Eingangs-Maestoso einer allzu kernigen Ouvertüre, da höre ich die Bässe Wagners und Bruckners dräuen. Nein, der deutsche Urknall tönt mir zu dunkelgründig, viel zu stämmig – da hört sich der Big Bang ganz anders an, viel luftiger, nach weit oben aufgehängten Glocken, die Taufe fand in London statt, vom Big Ben war es nur ein Schritt zum Big Bang – zurück zum Kontext.

Boo Boo McAfee trommelt 738 Stunden am Stück, Jubel: er kommt ins Guiness-Buch der Rekorde, Schmach: er muß erstmal ausspannen, die Trommel stehn lassen, die nicht alleine weiter pocht, im Gegensatz zu Boo Boo McAfees Herzschlag, den keiner feiert. Hämmernde Naturvölker, Rockgruppen, Heimwerker sehnen sich ekstatisch zum Rhythmus des Mutterherzens zurück, mit einem Aufgebot an schlagbaren Instrumenten, und landen im Lärm der Maschinenhalle, die am Anfang war. Hier wird nahtlos gehämmert, sogar in der Stillen Heiligen Nacht rund um jede Uhr.

Es hilft nichts: Radio an! Natürlich, eine Sprechsendung, ach, wer da weghören könnte: – am Sondergipfel teilnehmen wird, war bis zur Stunde noch unklar. Es mehren sich die Stimmen, die – ah, Barockmusik, damit kann man am gleichmäßigsten übertönen, irgendwas für Flöte und Cembalogeplänkel, Vivaldi oder jemand; weiter geht's: Zwischen der Fabrik des Herzens und dem realen VW-Werk tönt und zittert die Musikgeschichte als ein sensibler Umweg – nirgendwo erklingt Barockmusik, unter der nicht sogleich Rockmusik durchkäme. In der begabten Auflockerung sturen Schlags meldet sich ein nervöses Herz an.

Ach wie urgesund dröhnt ekelhafterweise da oben der E-Baß, der geht immer so weiter, ganz unabhängig davon, ob neue Titel anfangen; schon im Tätigkeitsbereich der Jazzmusik fängt das Kränkeln an: Synkopen, medizinisch gesehen, sind Extrasystolen des Herzmuskels. Einsam steht die Zauberflöte zwischen Buschtrommel und Blechtrommel. Blasen und Streichen = erotische Aktionen, Trommeln = Schlagen = Vergewaltigen, wenigstens ein paar Stichwörter, wenn es schon zu laut ist, das alles auszuformulieren – es ist jederzeit entschieden zu laut, um über das Thema Lärm zu schreiben.

Streichinstrumente als untreue Trommeln. Klassik als süßer Spuk, Intermezzo von wenigen Jahrhunderten, verweichlicht, verlogen. Monteverdis Pizzicato als erster Schritt zurück zur Trommelmutter. Staccati, spiccati, col legni getatti. Vor allem: das Bartok-Pizzicato als Startschuß. Sehnsucht nach verlorener Aggressivität. Statt Cellosaite und Bogenhaar – das blanke Holz. Monostatos – von Georg Philipp Telemann, es musizierten: Renate Schmidt-Leithäuser: Flöte, Beate Lautwein: Violoncello, und Manfred Leithäuser: Cembalo. Hören Sie zum Abschluß unseres HR-Barock-Forums von Justin Heinrich Knecht:

Die durch ein Donnerwetter unterbrochene Hirtenwonne

– ein gut halbstündiges Werk, es handelt sich um einen Mitschnitt vom 25. Februar 1988 aus der Martinskirche Kassel. An der Orgel: Harald Friemel. Das paßt wenigstens zum Thema, voraussichtlich. Was man so alles kennenlernt, nur weil man was zum Weghören braucht!

Zum Stichwort Monostatos: Er benutzte zum Trommeln ausschließlich tote Gegenstände, eben Trommeln. Sarastro aber, die Trompeten der Humanität blasend, benutzte Monostatos als lebendige Trommel: 77 Sohlenstreiche! Afrika schlägt zurück: 1803 Guillaume von Villeneuve, mildherziger Plantagenbesitzer (Viola d'amoure), wird ermordet von Congo Hoango (Trommel). 1988: 590 Millionen Afrikaner, 2020: eine Milliarde plus 500 Millionen Afrikaner!

Hm, dem goldenen Zeitalter könnte ein bisserle Silber nicht schaden... die Orgel sollte ich souverän überhören. Nur bei Musik kann ich abschalten, bei Lärm nie, und ich hoffe halt, daß ich beim wahrnehmungspsychologischen Ausblenden der Musik den Lärm, der durch die Ritardandos durchguckt, irgendwie mitausblende. Gestern erwischte ich mich, wie ich bei opus 131 weghörte...

Einst schrieb ich wenig und wohnte unangefochten zwischen Stimmen, Fernsehstimmen und Wohnmaschinen – so könnte mein Märchen beginnen. Ich vermochte im Dunkeln das Rauschen einer Hainbuche vom Rauschen einer Blutbuche zu unterscheiden – wann checkt der Typ endlich, daß bei Familie Maul keiner abnimmt! Erst ab 17 Uhr wieder, bitteschön! Gemütlich dudelt die Hirtenwonne ihres melodischen Weges fürbaß – wo bleibt das Donnerwetter? Meine Ruh ist hin –

Lärm blieb, wo immer ich auftauchte, nicht aus. Wohin ich immer floh, eins war mindestens schon da, Lärm. Ich trank saure Milch, um nicht den Kühlschrank brummen zu hören. Ich zog meinen Gastgebern die Verlängerungsschnüre aus den Sechsfachsteckdosen, der Lärm ging weiter. Ich überdeckte ihn mit Radiomusik – viel zu allgemein, viel zu summarisch! was für Lärm, was für Gastgeber, was für Musik?

Einst wohnte ich unangefochten – das soll ein Donnerschlag sein?! Wie dezent er den Abschluß des Melodiebogens abwartet, akkurat! So zurückhaltend möchte ich auch mal gestört werden! Nicht sehr zielsicher, so ein harmonisch eingebetteter Lärm, er hält sich an seinen Einsatz, dieser Duckmäuser, da lob ich mir eine ordentliche Antennenstörung!

Hämmern muß Familie Batz, hämmern, 14 Uhr 55, für die Leute ist die Mittagspause das Schlimmste, so lieben sie den Lärm, wann darf ich wieder einsteigen in den eminent durchlöcherten Text, ich bin schon ganz durcheinander: Das Auge muß sonnenhaft sein, laut Plotin, um die Sonne zu sehen. Das Ohr – nun ja, die Ohrmuschel, betrachtet von glücklichen Augen, mag sich momentweise biegen wie die Rundung einer Lyra, einer Violine. Sieht aber im ganzen eher aus wie ein Schalltrichter, eine Tüte aus Knorpel und Fleisch, steht also eindeutig in Entsprechung zu Lärminstrumenten wie Muschelhorn, Grammophon, Trompete. Auch weiter innen öffnet sich keine Kammer für Kammermusik. Die Gehörschnecke verbleibt morphologisch auf Blechblasinstrumentenebene. Nach Jahrhunderttausenden des Trommelns und Hämmerns stießen die Anatomen beim Eintritt ins menschliche Hörorgan auf ein Trommelfell –

und weiter innen trat man ein ins Negativ einer Schmiedewerkstatt, nämlich in einen lautlosen Arbeitsbereich, wo Knöchlein zutreffend Amboß und Hammer heißen, selbst dann, wenn ein zartes Gehör nur Clavichord hören mag: Wär nicht das Ohr hammerhaft, wie könnte es den Hammer hören. Das Auge darf Licht trinken, das Ohr muß Lärm aushalten, Adagios widersprechen der knochigen Anatomie und erscheinen als abgelistete Zugabe – nur hier, innerhalb der Musik, ist das anders: Die Hirtenwonne besteht aus Musik, und das Donnerwetter, das angeblich die Musik unterbricht, besteht selber aus Musik, Lärm gibt es hier gar nicht. Unverzeihlich, wie sie beide nichts voneinander merken, Wonne und Donner, diese Schwächlinge, da überlappt sich nichts, man wohnt separat und leidet am selben Handikap: Es gibt nichts außer dieser dämlichen Orgel. Dabei sind Hirten doch wohl Nomaden, wie transportieren sie das Ding? Die Herde zieht weiter... die Melodei hat immer noch nicht genug.

Doch ich darf nicht lästern, nichts gegen doppelte und dreifache Unschuld, immerhin möchte auch ich ab und zu Lärm als Musik hören, dann wäre auch ich in Arkadien, das wär für mich vielleicht eine Zwischenlösung, mal sehn, was sich da machen läßt – obwohl sich die hiesigen akustischen Verhältnisse, inklusive E-Baß – der Hammer hat kurz ausgesetzt –, gegen meine Genesung verschworen haben, he, ich brauch dich noch, bitte weiterhämmern – Sie hörten von Justin Heinrich Knecht: Die durch ein Donnerwetter unterbrochene Hirtenwonne. An der Orgel: Harald Friemel.

Fabel vom akustischen Vierstaatenbund

Nennenswerten Krieg hat es zwischen uns seit Urzeiten nicht gegeben, doch würden außenstehende Beobachter schwören, er tobe noch jetzt. Einer ist eben immer der lauteste von uns und immer derselbe, der tönt für drei. Einmal wollten wir ihm das übelnehmen und ihm unsere negativen Gefühle mitteilen, er aber, was tat er mit unseren Mitteilungen? Er übertönte sie! Der Sozialstaat des Dröhnens kann nicht zuhören, er ist vollauf ausgelastet mit Dröhnen, ach ja, und mit Annektieren. Immer wieder annektiert er das Reich der Stille, und das, ohne vorauszusehen, daß er im Erfolgsfalle nur noch halb so laut dröhnen würde, und ohne sich zu erinnern, daß jedes Mal, wenn er sich mit all seinen Explosionen im Reich der Stille breitgemacht hat, dortselbst kaum was lauter wurde. Jeder Bumms erstickt immer wieder weitgehend in Isolierwatte, schulterzuckend zieht man ab, um unbeirrbar immer aufs neue einzumarschieren.

Die verbalen Meldungen über den jeweiligen Stand der Dinge senden wir immer gleich rüber ins Land der Musik, dort wird alles diplomatisch umspielt, vertont, instrumentiert, nach Bedarf transportiert, ja veropert und in kantabler Form an uns, die Republik der Worte, zurückgesandt. Wir wiederum begrüßen alles wortreich, kommentieren, beschnuddeln, diskutieren ausdauernd alles aus und lassen uns im Ausdiskutieren nicht hindern, und sei das aus dem Sozialstaat des Dröhnens rüberwehende Dröhnen noch so laut! Manchmal geht es auch bei uns einigermaßen laut zu, natürlich unendlich leiser als im Sozialstaat des Dröhnens, doch immerhin so dezibelstark, daß Musik, Wort und Gedröhn, vom Reich der Stille aus gesehen, garantiert ununterscheidbar werden. Es hat sich noch nie deswegen beschwert. Das Reich der Stille ist nämlich ein Faß ohne Boden. Nie schrumpft es, obwohl wir Unmengen von Stille importieren, wir brauchen das, um stückchenweise Stille in Form von Pausen zwischen unsere Worte, Sätze, Melismen, Fioritturen und Modulationen einzubauen.

Übrigens interessieren wir uns nicht nur für Tagespolitik, sondern vor allem für Weltgeschichte. Alle paar Sekunden keimen bei uns diesbezügliche Fragen auf. Unsere Nachbarn beteiligen sich grundsätzlich nie an der Beantwortung, geschweige, daß anderswo eigene Fragen laut würden, an deren Beantwortung wir uns sofort mit Freude und großem verbalen Aufwand beteiligen würden. Eine unserer Lieblingsfragen lautet beispielsweise: Wie alt sind wir eigentlich? Welches von uns vier Ländern ist am ältesten? Das interessiert uns sehr. Geographisch gesehen, liegen Wort und Musik mehr oder weniger in der Mitte, dicht beieinander, Dröhnen und Stille liegen als extremistische Staaten außen am Rand und lassen nicht erkennen, wer von ihnen eher da war. Wir fragen deshalb: Hat sich irgendwann eines Tages in universaler Stille ein Rauschen erhoben, kaum hörbar, ein Rauschen, das langsam, langsam im Umwälzen der Äonen, anschwoll, um schließlich, nach und nach, als ein Summen oder ein Wispern ausgeformt zu werden, also als Ton oder Wort? Oder war zuerst ein uranfängliches Dröhnen da, das es irgendwann gelernt hat, nach und nach, sich zusammenzunehmen, so lange, bis es irgendwie Struktur bekam und entzifferbar wurde?

Diese Frage, kongenial von grüblerischen Achteln begleitet, wurde vom Reich der Stille und vom Sozialstaat des Dröhnens wie immer halb übertönt, halb verschluckt, wir aber, unverdrossen, stellten weitere Fragen zur Debatte, zum Beispiel die, was wohl geschehen würde, wenn das Reich der Stille aus irgendeinem Grund die Einfuhren beschränken würde. Teilweise gelangten wir zu der Ansicht, daß wir dann, durch den Wegfall der Pausen, uns immer häufiger ins Wort fallen, also immer lauter werden würden, zum Schluß sogar regelrecht dröhnen. Noch ist nichts zu spüren von solcher Gefahr. Lediglich eine mittelschwere Heiserkeit ist auf unserer Seite zu spüren, immer gegen das Dröhnen anzusprechen fällt schwer. So schlimm ist es vielleicht doch nicht mit dieser Heiserkeit. Eigentlich müßten wir schon längst immer wortkarger geworden sein. Leider dürfen wir dem Sozialstaat des Dröhnens nichts übelnehmen, denn theoretisch halten wir es größtenteils für sehr plausibel, daß wir vom Dröhnen verursacht, zumindest geformt wurden. Ohne das Dröhnen wären wir wahrscheinlich nur ein Wispern geblieben. Wenn wir manchmal ins Dröhnen hineinhören, scheinen sich dort wortartige Strukturen bilden zu wollen. Wir hören oft hinein.

Hauskonzert zwischen 6 und 8

Über mir piept der Weckautomat von Maria Batz, sie muß in die Schule, dreimal, viermal, fünfmal, ein Zimmer weiter setzt mittendrin Musik vor dem Alltag ein, Herr und Frau Batz schlafen getrennt, irgendeine Triosonate, Telemann oder so, ziemlich leise, entweder hat Frau Batz einen leichten Schlaf oder sie kann es sich erlauben, nicht gleich wachzuwerden, eins weiter setzt Disco-Sound ein, Mike Batz muß auch in die Schule, eins weiter ein Schnarren, der Wekker von Herrn Batz, ah, eine Art Fuge bahnt sich an, wenigstens ein Kanon, immerhin: nacheinander haben vier Stimmen eingesetzt, das Schnarren des Herrn Batz imitiert in tiefer Lage das Piepen seiner Tochter, der Disco-Sound imitiert vergröbert die mütterliche Musik vor dem Alltag, da hat Maria Batz das Piepen schon ausgestellt, es bleibt beim Fugato.

Ich warte unaufgewacht auf eine hörenswerte Durchführung, da folgt ein neuer fugaler Ansatz, mit neuer Motivkonstellation, Wasserspülen, Poltern, Rauschen. Jedes Familienmitglied tritt aus, streng nacheinander, lagenmäßig nicht im mindesten differierend. Zuerst erfolgt eine sehr flüchtige Wasserspülung, Zeitrafferpoltern, ungeduldiges Rauschen, das kann nur eins der Kinder sein, dann folgt dezentes, aber sehr gründliches Rauschen, vorsichtiges, wattiertes, dafür nicht wieder aufhörendes Poltern, schließlich setzt der Haarfön ein, jetzt zwei Zimmer weiter ein Durchlauferhitzer oder sowas, dann Rasierapparat und Kaffeemaschine. Oh, ich bin mit der Zuordnung des jeweiligen Parts durcheinander gekommen – nichts gegen Polyphonie, aber heutzutage ist das Durchhören solcher Matineekonzerte viel schwieriger als damals, als die Dauertöne noch nicht geschlechtslos waren. Wie gut hatte es doch Kafka, der konnte zwischen väterlichem Lärm und schwesterlichem Lärm jederzeit genau unterscheiden, zum Vater gehörte das Durchbrechen der Türen und der abschließende männliche Ruck beim Verlassen der Wohnung, der zartere schwesterliche Lärm wurde von den Stimmen der beiden Kanarienvögel angeführt und war sogar bekämpfbar. Wer aber garantiert mir heute, daß das tiefste Instrument, der eindeutig väterlich insistierende Rasierapparat, wirklich im Gesicht des Vaters herumfährt und nicht im Gesicht des Sohnes, der den Flaum seiner Oberlippe provoziert, oder in den Achselhöhlen der Mutter, die ihre Beine schmirgelt, derweilen der Vater möglicherweise die Glatze sich fönt?

Nein, das sind Spekulationen, in Wirklichkeit wird es so sein, daß der Rasierapparat natürlicherweise von Herrn Batz benutzt wird, von wem sonst – halt! Herr Batz ist doch Bartträger!? Alles klar: Er rasiert wenigstens den Hals und die Wangen bis hinauf zu den Tränensäcken – und gefönt wird heut abend aufs neue: die Chemiker, die das Shampoo für den täglichen Gebrauch entwickelt haben, kommen kaum nach.

Inzwischen hat eine Wohnung weiter, bei Familie Maul, ein Bündel zusätzlicher individueller Wecksignale eingesetzt, die chaotische Hausmusik über mir wird angereichert mit den versetzten Echos von oben und unten, von ganz oben und noch weiter unten. Wohnung für Wohnung wird wach, die Instrumentengruppen sind längst auseinander, kein Dirigent kriegt hier wieder Struktur rein, nur ich steuere nichts bei, unspendabel, nämlich totenstill lieg ich dazwischen und müßte dringend schlafen, da ich natürlich bis weit in die Nacht hinein geschrieben habe, und zwar die drei vorigen Kapitel, nie hätte ich die tagsüber schreiben können, das Telefon der Familie Batz ließ das nicht zu, der E-Baß, das Schlagzeug, mich wundert ohnedies, daß ich nachts schreiben konnte, denn da war akustisch auch einiges ungünstig, das RIALTO, das sich zwei Straßen weiter nach eins entlud, Nachtverkehr, wurstelnde, rasselnde Spätheimkehrer, mein Telefon, Bremsen, MG-Stakkato, Gestöhn, Löwengebrüll, Geschirr, Wasserfälle, Schritte verschieden weit entfernter Spätprogramme.

Oben und unten lichten sich jetzt die Oberstimmen, sie verlassen, stufenweise verwechselbar, den Raum ihrer Zufallskomposition, väterliche Rucke hauen rein, dann verlieren sie sich im Treppenhaus und münden in die Startgeräusche im Hof und vorn. Nur das Discogestampf des Mike Batz läuft weiter, obwohl es bei Batzens schon ganz erträglich geworden ist, es wird sich in zehn Minuten von allein ausstellen: das ermöglicht die Technik ihren Benutzern, daß die zwischen Off-Knopfdrücken und Wohnungstürzuschlagen nicht auf Musik verzichten müssen. Dann wird sie aus sein, aber unter mir wird dieselbe Sendung etwas leiser weiterlaufen, denn Herr Wilke verläßt das Haus erst 7 Uhr 50.

Trotz allem scheine ich eben nochmal eingeschlafen zu sein. Nur ein vorher unbeachtetes Basso continuo ist übriggeblieben, das Brummen des Kühlschranks, der mineralische Grundbaß steigt zum Solisten auf. Tadelloser Einsatz, grandioses Vibrato, langer Atem, himmlische Längen. Welch Organ. Jetzt bricht der konsequent strömende Ton ab, ein Spasmus, ein Schnurren, Ruhe im Haus. Schön wär's. Der Verkehrslärm rumort im Summen zentraler Heizung, der Körper des Kühlschranks holt Luft, schweigend, eine Viertelstunde lang, Luft. Luft, um sich aufs neue konsequent auszusingen, in aller Ruhe und ohne auf Applaus zu spekulieren. Das gleichmäßige Lied, das aus dem viereckigen Busen dringt, ist Lohn, der reichlich lohnt, und läßt sich durch nichts irritieren, von keiner Gegenstimme, siehe umsonst klingelndes Telefon, von keinem Zuhören meinerseits.

Typologie der Lärmenden

Der Lärmfetischist. Selbst betäubender Lärm stört nicht immer. Eine Sorte Lärm gibt es, die betäubt kaum, die stört nie – der eigene Lärm. Ein Gerät liegt in der Hand, so nahtlos wie sonst in keiner Hand, in jeder anderen Hand liegt nahtlos dasselbe Gerät, Knopf und Finger wurden füreinander geboren, Fingerbeere und Sensor-Taste könnten füreinander sterben, Gerät und Benutzer liegen aneinander wie Mensch und Pferd im Kentauren, Impulse flitzen, Vibrationen fließen ungestört ab, die Maschine wird zum Körperteil, der Körper zum Instrument, das Dröhnen zum Wohllaut, der Lärmende zum Ekstatiker. Im Lärmfetischisten vermählt sich ein Tatendrang, der keine Abnützungserscheinungen kennt, mit einer Wonne des Knatterns, die ins Unendliche stößt.

Musik ertönt – hinterher ist nichts getan. Lärm ertönt, und hinterher braucht ein Pudding nicht gerührt zu werden; hinterher liegt ein staubfreier Teppichboden noch staubfreier da. Bart und Rasen wurden gekürzt, obwohl seit der letzten Kürzung gar nichts nachgewachsen war. Solche nützlichen Nebeneffekte fallen bloß als Schalen runter, der Lärm enthüllt sich als Ziel und Frucht.

Der Lärm ist unsterblich, der Lärmfetischist ein zeitloser Typus, in jedem Jahrhundert aufs neue vorhanden, um wechselnde Möglichkeiten zu nutzen. Seit der Peitschenknall, samt Pferd, ausstarb, sitzt der Fuhrknecht, statt auf dem Bock, auf dem Motorradsattel und bildet dort ein Kraftzentrum unverschämter Lebensfreude. Der Weg ist ihm Ziel, also befolgt er fernöstliche Weisheit, ohne sich vorher mit sowas unbedingt beschäftigt zu haben. Sein Produkt, der Lärm, erfüllt die Forderung klassischer Ästhetik nach Zweckfreiheit beim Produzieren; als l'alarme pour l'alarme steht der Lärm des Lärmfetischisten im Raum, unverdorben von tendenziösen Nebenabsichten in Richtung Fahrtzielerreichung oder Pferdequälerei. Sobald der Lärmfetischist Ausschau nach »schädlichem Samenflug« und kratzenden Küssen hält, also nach den üblichen Vorwänden zum Mähen und Rasieren, wird er schon vom Teufel des Zweckdenkens und der Funktionalität beinahe geritten. Hier entwickelt sich eine Abhängigkeit vom Schlüsselreiz. Gequält muß manch ein Lärmfetischist sich erst Schlüsselreize produzieren, ehe er besinnungslos losknattert.

Erst zu seinem Lieblingsfest, am 31. Dezember, kann sich der Lärmfetischist von dem Streß, sich andauernd neue Zwecke vorgaukeln zu müssen, erholen, endlich aufs neue zweckfrei knallen, wie damals, als selig spielendes Kind, als man Knallerbsen auch dann verschoß, wenn es keinen Gegner zu bewerfen galt. Die Heilige Nacht übersteht der Lärmfetischist nur, weil er in ihr nicht völlig still sein muß. Sein unangenehmster Tag heißt Sonntag; evangelische Landwirtschaft ehrt ihn zum Glück noch weniger als katholische Landwirtschaft. Am Montag ist der Lärmpegel überall am höchsten. Die Mittagspause ist ein Loch, die Nachtruhe ein großes Loch, in welches der Lärmfetischist immer wieder fällt.

Instinktiv schaudert er vor jedem Off-Knopf zurück. Ohne Instrument, in das er sich übend verbeißt, steht ein Vollblutmusiker schutzlos da. Jedes Abstellen, jede Abnabelung von Vater Lärm, beschert einen kleinen Tod, der ins Innere greift. Im sterbenden Lärm wird der eigene, kommende, organische Stromausfall vorgefühlt. Zwar wird, wer heute noch Staub saugt, morgen, samt Staubsauger, zu

Staub zerfallen. Doch schadet das wenig; denn hinter dem Saxophon, das der Saxophonist schweratmend absetzt, oder hinter der heißgelaufenen Apparatur, die der Lärmer genießt, lauert keineswegs jene Stille, die von Lärmapologeten gern tödliche Stille genannt wird. Sondern aufgefangen wird der Pausierende, wird solidarisch aufgefangen – von lebendigem Lärm. Denn Lärm setzt nie ganz aus. Nie. Selbst in Flautezeiten trägt irgendein letztes Brummen, und sei der Faden noch so dünn, die akustische Fackel weiter. In der BRD gab es 1988 14000 Flugzeuge, 10 Millionen Rasenmäher und über 30 Millionen Kraftfahrzeuge. Wäre der Lärmfetischist ein seltener Typus, müßten Firmen, die geräuscharme Motorräder auf den Markt werfen, nicht immer wieder nach kurzem den Konkurs anmelden.

Der Typus des Lärmfetischisten spaltet sich in zwei Untertypen, Tributlärmer und Protestlärmer. Seinen Pflichtbeitrag mit Wollust leistend, aufgenommen in die Gemeinschaft der Lärmenden, auf- und niederfahrend, von Wochenende zu Wochenende, auf dem Rasen seines Grundstücks, gliedert sich der Tributlärmer in die Summe der eigenen Echos und A-priori-Echos harmonisch ein – im Gegensatz zum Vollblutmusiker. Falls der Vollblutmusiker nicht gegen die Stille, die ihn gar nicht umgibt, anspielt, so spielt er immerhin gegen den Lärm, den er nicht vermindert, an. Solche Selbstentzweiung schallender Entfaltung kündigt sich, bei genauem Hinhören, schon im Protestlärmer an. Zwar leidet der Protestlärmer, nicht weniger als der Tributlärmer, an Autoritätsfixierung und an fataler Anpassungsfähigkeit in Richtung des geforderten Gesamtlärms. Zugleich aber weidet er sich, genährt vom Vollgefühl seiner großen Aktion, an dem dümmlichen Verdacht, zwischen seinem Privatlärm und dem Lärm insgesamt walte ein Unterschied, vielleicht kein fundamentaler, aber ein Unterschied. Während sich die

Läufe und Tonleitern des Musikers in der Tat meistens verheißungsvoller anhören als Tumult im Treppenhaus, Klorauschen und Tiefflieger, gelangt der Protestlärmer, lang bevor er Musiker ist, zur Illusion des Musikers, daß der eigene Ton, jedenfalls der gelungene, gelungener sei oder wenigstens vielversprechender als der fremde Ton. Der lärmende Einzelkämpfer verübelt es dem Kollektivradau, statt orgastisch in ihm dahinzuschmelzen, fremder Lärm, statt Teil des eigenen Lärms zu sein. Er verwechselt was. Deshalb muß Fremdlärm bekämpft, d. h. übertönt werden. Da aber jeder Lärm sich selbst der lauteste ist, gibt es im allgemeinen Zusammenfließen der Lärmquellen zum Einheitslärm kein objektives Übertönen. Der Protestlärm hört sich von ferne, trotz seiner vermeintlichen Aggressivität, nicht sehr anders an als der selbstgenügsam vor sich hinlärmende Tributlärmer.

Auch Robinson hat auf seiner Insel gelärmt. Zwar war keiner da, dem er hätte sein eigenes Dasein beweisen müssen, kein Geräuschempfindlicher, dem absichtlich ins Ohr zu röhren eine Wonne gewesen wäre. Doch hat Robinson Lärm gemacht, um wilde Tiere zu vertreiben, und wenn keine mehr kamen, hat er weitergelärmt, um Inselgeister zu vertreiben. So funktioniert zweckfreies Lärmen.

Der Hörsüchtige, ohne Walkman. Auch fremder Lärm kann entzücken. Davon weiß der Hörsüchtige selbst dann ein Lied zu singen, wenn er übers Mitpfeifen nicht hinauskommt. Falls ihn das Unglück trifft, am Stadtrand oder auf'm Dorf zu wohnen, wird er unruhig, er vermißt sofort das Leben. Ihm zuliebe stehen alle Häuser mit der Balkonseite stets in Richtung Sechsspurfahrbahn und Gleisanlage, ihm zuliebe bleiben Ballungsgebiete und Startbahnen so unzertrennlich wie im Mittelalter Fensterfront und Marktplatz. Seinetwegen stehen in Ortschaften, die unmittelbar an der Autobahn liegen, weniger Häuser leer als in Kuhdörfern. Seinetwegen sind Festsäle, in denen ein Sinfonieorchester loslegt, besetzter als Räume, in denen ein stillvergnügtes Streichquartett an sich hält. Es wäre die Hölle für ihn, weit vom Schuß zu leben, also weit vom Lärm. Lärm ist für ihn ein Magnet, der erst jenseits jeder Schmerzgrenze anfängt, eine abstoßende Seite zu zeigen.

Bei näherrückender Baustelle lebt der Hörsüchtige auf, reißt alle Fenster auf, da hat sich schon das ganze Dorf aufgestellt, rund um die Grube. Kinder, Hunde, sogar Opas, die sich lange nicht sehen ließen, Gestalten des Dranges, eilen von allen Seiten herbei, teilweise humpelnd, um unter freiem Himmel dem kostenlosen Meisterkonzert zu lauschen. Rundherum die Fachwerklogen sind vollbesetzt mit Gesichtern: »Brüllen, Schrei, Geröhr schien klein in ihren Herzen.« Einst sang Orpheus, Rehe hörten zu, sogar Steine zerflossen vor Rührung. Jetzt treibt der anorganische Tumult angebohrter, platzender Steine den Puls des Lebendigen rauf, das Publikum huldigt den Solisten, die im versunkenen Orchester die Preßluftinstrumente führen, routinierte Lärmfetischisten, ausländische Arbeitnehmer, vermutlich aus Griechenland, Landsmänner des Orpheus leisten Verkabelungsarbeit oder bauen, statt Tempel im Gehör, Mehrzweckhallen, in denen dieselbe Bevölkerung vergleichbaren Konzerten lauscht.

Einst hielt das arkadische Publikum das Geröhr im Hals zurück, heut wird auf beiden Seiten, genauso auf der Seite des singenden Orpheus, Geröhr losgelassen, nichts als Geröhr, röhrende Kadenzen, eindrucksvoller denn je. Landwirte stellen sich dazu, lassen neben der Grube ihre Traktoren stehn, die sie nicht abstellen. Alle vorhandenen Maschinen sind zugleich Instrumente, Mikrophone und

Verstärkerboxen. Ein fehlender Konzertführer trüge hier den Titel: *Wie funktioniert das? Erklärte Technik in Wort und Bild,* und die Programminformation lautete: »Mit Preßlufthämmern sollen schnelle Schlagbewegungen ausgeführt werden, um Gestein zu brechen, Straßendecken aufzureißen und ähnliche Arbeiten auszuführen.« Das Geröhr im Herzen des Hörsüchtigen möchte raus. Was dem Typ fehlt, ist lediglich ein Instrument passenden Kalibers. So enthüllt er sich als die zur Passivität verurteilte Variante des Lärmfetischisten, Opfer der Arbeitsteilung und Spezialisierung, fast die Absperrung eindrückend, die die Zuhörer von der Rampe fernhält.

Der Hörsüchtige, mit Walkman. Um nicht in einer unverhofften Lücke, die sich im universalen Lärm ab und zu versehentlich noch auftut, der Lebensgarantie verlustig zu gehn, greift der Hörsüchtige zum Walkman. Während der Arbeit lobt sich der Lärmfetischist das Rausposaunen, in der Freizeit steht der Hörsüchtige auf das Reinziehn. Friedlich sitzt der Walkmanträger mit unaufdringlich wippendem Oberschenkel in der U-Bahn, und wer nicht neben ihm sitzt, hält das offizielle Lärmproblem partiell für gelöst. Die technische Möglichkeit, etwas leise hören zu können, muß historisch als Riesenfortschritt gewertet werden, Triumph gelungener Introversion, vergleichbar nur der Errungenschaft des Augustinus, Bücher beim Lesen nicht mehr laut ablesen zu müssen, sondern zum Staunen seiner Schüler mit fast lautlosen Mundbewegungen, um schließlich gar mit unbewegtem Antlitz lesen zu können. Etwas laut laufen zu lassen, sieht ab sofort, neben den rücksichtsvollen Walkman gehalten, urtümlich aus, unnötig extravertiert, lärmfetischistisch, irgendwie unzivilisiert. Der Walkmanträger verhält sich nach außen hin fast noch dezenter als der Musiker, der in der Mittagspause seine Violinsonate mit Tonwolf halbwegs abwürgt.

Der Kopfhörer imitiert anatomisch die Ohrenklappe. Die Ohrenklappe imitiert physiologisch die luftdicht verschließbaren, von Schopenhauer beneideten Ohrenklappen der Fledermaus. Hörschutz erlöst kaum, sein Benutzer bewegt sich in einer zwar gedämpften, doch derselben Welt wie vorher. Fledermaus und Walkmanträger aber klinken sich aus der Welt der Lärmfetischisten erfolgreich aus. Der allzu objektive Außenlärm muß der eigenen Sonne das Feld räumen. Die kantische Wendung hin zum Subjekt ist unübersehbar, zumindest der Rückzug ins kollektive Privatleben. Am besten setzt du deshalb den Walkman mit der Gebärde dessen auf, der sich feierlich mit Ohropax abdichtet, um ein wenig in sich zu gehn. Mit Walkman rumlaufen, oder mit Walkwoman rumlaufen, das ist zeitgemäße Weltabgewandtheit! Mitten im Tod seid ihr vom Leben umfangen. Von den Vollbremsungen, die der isoliert durchs Verkehrschaos schlendernde Walkmanträger auslöst, merkt er nicht mehr viel. Ihr habt es geschafft. Der Lärm kann euch mal. Du hast dir eine positive Gegenwelt übergestülpt. Tatsächlich, außerhalb des Kopfhörers randaliert unabstellbarer böser Lärm, innerhalb hingegen gute Musik, deine Musik.

Allerdings muß sich eine beschissene Lieblingsmusik, die in eingeklemmte Ohren stößt, nicht unbedingt besser anhören als ein hochinteressanter Krach, eine mit freiem Ohr aufzunehmende, weiträumig angelegte Geräuschkomposition, quadrophone Wiedergabe, CD-Qualität, 64spurig, inhaltlich sehr experimentell, äußerst avanciert, ein Mammutkunstwerk, das den Realitätsbezug nicht vermissen läßt, sich auf der Basis eines genialen Zufallsgenerators aufbaut und *Lärmglocke 88* heißen könnte.

Außen bewegt sich entferntes Stadtgebrumm, innen wird aber das Gehör mit Animierlärm bearbeitet, hochdosiert, speziell gebündelt, scharfkantig zupickend, das paßt zu den unfreiwilligen Autoabgasen, die gleichfalls nicht genügen, die noch von freiwilligem Zigarettenqualm potenziert werden müssen, alles claro: Identifikation mit dem Angreifer! Freud!

Doch der Walkmanbenutzer weiß es besser. Schon an der Wiege wurde der Walkman dem Typus des Hörsüchtigen gesungen. Anstelle des Kindes bleibt die Musik hospitalismusgeschädigt, dauerhaft. Inzwischen hat auch die Schule geschnallt, daß nicht nur in der Pause der Walkman auf die Birne gehört. Bei der Erledigung von Klassenarbeiten ist es dem Schüler erlaubt, den Walkman aufzubehalten, da er dies von den Hausaufgaben so gewöhnt ist, die Umstellung wäre zu groß. Sobald der Walkman abgesetzt wird, erhöht sich beim Ankreuzen des Vorgedruckten die Fehlerquote. Dort naht der Weihnachtswunsch, das rhythmische Ohropax bitte drinlassen zu dürfen, für immer, bloß für immer.

Der Unempfindliche. Mindestens 60% aller BRD-Bürger, laut Umfrage, fühlen sich beim Lärmen und Stillhalten nicht im mindesten, weder immer noch auch nur manchmal, durch Lärm, so beträchtlich er sei, gestört. In der dröhnenden Geborgenheit dieser 60% findet der Typus des Unempfindlichen seinen Ort. Lärm macht ihm nichts aus. Aus Musik macht er sich nicht viel. Wenn irgendwo Tiefflüge gestoppt werden oder reduziert, atmet er nicht auf. Es fällt ihm nicht mal auf.

Der Unempfindliche benutzt Ohrenklappen. Er ist empfindlich gegen kühle Luft. Seine Ohrmuscheln könnten ihre

Temperatur einbüßen. Der Unempfindliche benutzt Taucherstöpsel. Es könnte ja Wasser in seine Ohren laufen. Der Unempfindliche verachtet Ohropax. Lieber würden Hephaistos oder Mime, der Schmied, ertauben, als daß er sich den Vorschriften der Berufsgenossenschaften beugte und Hörschutz anlegte. Er findet vielleicht die Vibrationen unangenehm, die seine Muskulatur durchschüttern. Er findet vielleicht das Arbeitsklima unangenehm, niemals den Lärm.

Seine Gehörzellen sterben ab, seine Blutfettwerte erhöhen sich, die hochempfindlichen Organsysteme reagieren lebendiger als das Bewußtsein des Unempfindlichen. Nicht mal durch nächtliches Pfeifen im Ohr läßt sich der Unempfindliche vorwarnen. Nichts ficht ihn an. Wenn er gefragt wird: »He, ist dir der Lärm nicht zu laut?«, wundert er sich: »Was für Lärm?«

Die Müller und Kanoniere, deren Hörschärfe um 1600 von Sir Francis Bacon untersucht wurde, ließen sich durch keine Diagnose aus der Ruhe bringen; die damaligen Anwohner der Nil-Wasserfälle, die an kollektiver Schwerhörigkeit litten, litten nicht an ihr. Der Unempfindliche hört nicht, was Lärm ist, weder vorher noch hinterher. Für die Wollust des Lärmfetischisten hat er nur das Schulterzucken übrig. Für die Torturen des Geräuschempfindlichen hat er nur ein Kopfschütteln übrig.

Natürlich finden sich Varianten des Typus, nicht ganz so abgeschottete Ausführungen. Manche sind von Hause aus nicht restlos unempfindlich, aber im Lebenskampf verlieren sie die Fähigkeit, Dinge an sich ranzulassen. Ältere Mitbürgerinnen, die es kaum fertigbringen, ihre EDEKA-Tüten heil über jene Durchgangsstraßen zu bringen, über die zu ihrer Zeit noch die Gänse liefen, beteuern immer wieder, daß der Mensch ein Gewohnheitstier sei und daß man sich an alles gewöhne. Nie wird es eine Zeit gegeben haben, in der sich diese Mitbürgerinnen noch nicht an alles gewöhnt hatten. Nie tragen sie Unerträgliches. Sie gewöhnen sich bloß ans Erträgliche. Sie ahnen nicht, in welchem Maße der geräuschempfindliche Typus schon das Gewöhnliche, an das er sich nie gewöhnt, zur Überdosis macht.

Zäh beschaffene und handfest texturierte Gehirnmasse soll, laut Schopenhauer, für das Phänomen Lärmunempfindlichkeit verantwortlich sein. Schon im Bellenlassen der Hunde, das dem Laufenlassen der Maschinen vorausging, witterte er die Geistlosigkeit ihrer Besitzer. Ein denkender Kopf hat mit seinem Ohr gefälligst in ewigem Krieg zu stehen: wer sich heutzutage, trotz geistiger Interessen, mit den Geräuschkulissen arrangiert, kann keinesfalls, von Schopenhauer her gesehen, ein denkender Kopf sein. Auf die arrogante Unterstellung, geistlos zu sein, antwortet der Unempfindliche, der für solche Unterstellungen unverhofft hellhörig sein kann, mit Lärm.

Wer dem Geist des Lärms huldigt, dem wird Lärm zur geistigen Waffe; das Aufdrehn der Kiste zum Drauflosphilosophieren, das Sägen zum Analysieren, das Rasieren zum Falsifizieren, der Umgang mit dem Schlagbohrer zum Tiefgang, das Dübeln zum Grübeln, die Verbreitung des Lärms in der Umgebung zur Wirkungsgeschichte. Die scheinbare Unempfindlichkeit wird zur Funktion eines Innenlebens, das hermetisch werden muß, um Innenleben zu bleiben.

Der Zusammenhang zwischen Lärm und Geist kann an der konsequentesten Ausprägung des lärmunempfindlichen Typus, am Tauben, studiert werden. Während ein ertaubender Lärmfeind wenig geneigt sein wird, im Ertaubungsvorgang jenen Gewöhnungsprozeß zu begrüßen, jene Gewöhnung an Lärm, nach der er sich vergebens sehnte, hat ein von Geburt an Tauber wenig Chance, seinen Geist zu entwikkeln. Hoffnungsvoll stellt der Resthörige seinen Walkman, d. h. sein Hörgerät, in Richtung des Lärms, den er zu vermissen scheint, obwohl er ihn nicht kennt.

Sobald der Unempfindliche und der Lärmfetischist dieselbe Rasenmähermarke benutzen, bekommt der Geräuschempfindliche, der jedenfalls keine Sense benutzt, dreierlei Lärm zu spüren, erstens sadistischen Lärm, zweitens ungezieltes, dumpfes Röhren; drittens den eigenen, leider unvermeidlichen Lärm.

Der Zwecklärmer. Wenn es nach dem Zwecklärmer ginge, gäbe es ingesamt viel weniger Lärm. Zwar nicht so wenig wie in vorindustriellen Zeiten, aber immerhin gäbe es in zahlreichen Haushalten keinen überflüssigen Lärm. Freilich kann auch der Zwecklärmer nicht auf jede Lärmproduktion verzichten. Sonst käme der Fluß seiner Erledigungen und Aufgaben empfindlich ins Stocken. Einerseits kommt ein schönes Zuhause, das man seinen Kindern zu schulden entschlossen ist, ohne rationell ineinandergreifende, arbeitserleichternde Haushaltsmaschinen nicht zustande. Andererseits möchte man das Kindergeschrei und das Geschrei ihrer Recorder nicht völlig mit Küchenlärm zuschütten. Deshalb macht jener Zwecklarmer, der sich zu gleich als Energiesparer versteht, so wenig Lärm wie möglich. Hier trifft sich der Zwecklärmer mit dem Berufsmusiker, der auch nur dann spielt, wenn er muß.

Den Zweck im Auge behaltend, zeigt sich der Zwecklärmer abwechselnd als ideale Hausfrau und als hilfsbereiter Hausmann, der sich zum 50. Geburtstag eine neue Gummischürze wünscht. Öfters macht man/frau nur das Nötigste, zumal man/frau sich als Energiesparer versteht. Beim Machen des Nötigsten stellt sich aber schnell heraus, daß fast alles nötig ist. Ohne Lärmaufwand bekommt auch der gewissenhafteste Lärmsparer keinen Nagel in die Wand hinein und keinen Staub aus dem Teppichboden heraus. Wer, um Lärm zu sparen, das Rührfixgerät zu früh ausstellt, hat umsonst gelärmt. Wer die Sahne per Hand schlägt, bleibt nicht leise und greift schließlich, da die Sache einfach nicht steif werden will, doch noch zu Rührfix. Oft sind alternative Zwecklärmer noch lauter als konventionelle Zwecklärmer, elektrische Getreidemühlen lauter als das Schnitzel, das geklopft wird. In jedem Falle macht der Zwecklärmer stets mehr Lärm als er eigentlich machen möchte. Er fühlt sich nicht getrieben vom Willen zum Lärm und lärmt stündlich. Er hat, im Gegensatz vor allem zum Lärmfetischisten, sichtlich Identifikationsschwierigkeiten. Im Innersten weiß er, daß Musik etwas anderes ist.

Bisweilen ist ihm, als habe er sich an Lärm gewöhnt. Mitunter kann ihm Lärm sogar ziemlich auf den Keks gehn. Zwar bedarf er des Ohropaxes nicht, wählt aber vielleicht einen Rasenmäher, der ein Spürchen diskreter dröhnt als andere, leistungsstärkere Ausführungen. Sobald er in der Apotheke eines Tages sich doch noch über Hörschutzmöglichkeiten informieren läßt, spielt er hinüber ins Lager des Geräuschempfindlichen. Sobald er nur eine Spur von Lust bei seinen lärmenden Aktionen verspürt, kann es ihm passieren, daß er augenblicklich in der Rubrik des Lärmfetischisten untergebracht werden muß. Allerdings betont er oft genug, daß er nichts als den Zweck im Auge habe. Doch beruft sich ebenso der Lärmfetischist auf den Zweck. Zwar läßt er seinen Wagen, seinen Zweitwagen, seinen Drittwagen, seinen Traktor ab und zu unnütz laufen. Doch stellt er nie seinen Schlagbohrer, seinen Rasenmäher, seine Kreissäge, seinen Rasierapparat an, ohne daß er nicht zugleich rasierte, sägte, mähte, bohrte. Zudem kann der Zwecklärmer zufällig einen Rasenmäher besitzen, der doch nicht der leiseste bleibt. Umgekehrt muß der Lärmfetischist nicht unter allen Umständen die lauteste Marke haben, um den Begriff seines Typus authentisch auszufüllen. Hinzu kommt des weiteren: Je lärmempfindlicher die Gesellschaftsschicht, desto größer die Rasenflächen. Kurzum: Wer sich nur auf den Ohrenschein verläßt, kommt augenblicklich in typologisches Schleudern.

Um mit keinem Lärmfetischisten verwechselt zu werden, wird der informierte Zwecklärmer bemüht sein, jede Emotion beim Rasenmähen kleinzuhalten, aufkommendes Potenzgefühl im lärmenden Vollzug auszuschalten – kann das gelingen? Gesetzt, ein Gerät springe nicht an, verzweifelt hantiert der Zwecklärmer – endlich springt das Ding doch noch an, endlich! Nun gehe der Zwecklärmer in sich und prüfe, ob da nicht doch der Ansatz eines Triumphgefühls zu erwischen sei. So unempfindlich bliebe in diesem Fall selbst nicht der Unempfindlichste, um da nicht irgendwas Positives zu spüren, ein dumpfes Aufatmen.

Der Lärmbekämpfer. Die Figur des klassischen Lärmbekämpfers leidet an allgemeiner Unbeliebtheit. Immer, wenn es so richtig gemütlich wird, pocht es. Entweder fällt über die Gesellschaft ein Schatten, als stünde vor der Tür ein steinerner Gast, oder das Pochen geht im Trubel unter. In jedem Falle muß der Lärm des Besenstiels, um eventuell etwas zu erreichen, die eigene Zimmerlautstärke überschreiten, die Lücke zweier Lachsalven finden, die zufällige Verdünnung der Musik nutzen, stoßenderweise sich zum Lärmpegel der Fete aufschwingen. So nimmt der klassische Lärmbekämpfer, dieser Störenfried jeder Ruhestörung, dieser schwerversöhnliche Antipode namentlich des Lärmfetischisten, unweigerlich Züge des Lärmfetischisten an, und zwar um so mehr, je drohender sein zunächst bittendes Klopfen anwächst. Und vollends dort, wo er die eigenen Tonträger gegen unschuldige Ausgelassenheit auffährt. Bisweilen wird seine Angst vor dem Erstschlag fremder Radios so groß, daß er von vornherein seine eigene Kiste selbst dann aufdreht, wenn auf der Gegenseite ausnahmsweise nichts zu hören ist, er beugt dudelnd vor. Selbst dort, wo sich ein Lärmbekämpfer mit angemessenem Klopfen begnügt, erscheint er nicht selten als lauernder Reservist, der mit dem Besenstiel zu Bett geht und nicht schlafen kann, ehe er sich nicht, in befriedigender Weise, als unbezahltes Vollzugsorgan der Hausordnung betätigt hat. Gern spielt er die Rolle des Richters, dessen Hämmerchen im Gerichtssaal beneidenswerte Effektivität zeigt. In Ruhezeiten tendiert der geborene Lärmbekämpfer geradezu zu Schlaflosigkeit. Dann starrt er, die Nachtmütze auf dem Kopf, mit wahrhaft unergründlichem Blick auf den in der Ecke stehenden Besenstiel.

Nie nimmt der Lärmbekämpfer Ohropax, erstens deshalb nie, weil ihm dann irgendein Lärm entgehen könnte, und zweitens, weil er weniger an Lärmempfindlichkeit laboriert als an Mißgunst. Vielleicht hätte er sich nie zum Lärmbekämpfer entwickelt, wenn er rechtzeitig auf alle Festivitäten seiner Mitmenschen eingeladen worden wäre. Nun ist es zu spät. Auf ewig würde er mit seiner hölzernen Lanze gegen akustische Windmühlen kämpfen, wenn er nicht am Aussterben wäre. Die Popularität seines Pochens täuscht darüber hinweg, daß es, zahlenmäßig, nie sehr üppig um ihn stand.

Als alle Kollektive auszuufern begannen, wuchs seine Kopfzahl nicht mit. Kein Schicksal klopfte weiterhin, wie gewohnt, an die Pforten des Lärms. Das Nein des ewigen

Neinsagers und Nörgelpeters mäßigte sich zu hausgemeinschaftlicher Toleranz. Wo heutzutage sich wirklich mal sowas wie Lärm nachbarlich bemerkbar macht, drückt man gern, um des lärmenden Friedens willen, ein Ohr zu – zumal vorher ein nettes Kärtchen im Kasten lag: Übermorgen 35. Geburtstag, es könnte etwas lauter, ich bitte im voraus. Um die Geräusche der Links-, Rechts-, Ober- und Untermieter nicht zu diskreditieren, wird alles auf die Hellhörigkeit heutiger Bauten geschoben oder auf die Bässe heutiger Boxen.

Zu Beginn dieses Jahrhunderts erwarb sich der Lärmbekämpfer einen Namen, den Namen Theodor Lessing. Seine Zeitschrift hieß *Der Antirüpel*. *Recht auf Stille,* seine geballte Kampfschrift von 1908 widmete er »Allen meinen Hauswirten«. Schopenhauer, Lessing, Tucholsky wetterten unversöhnlich und mit flammender Eloquenz gegen die bescheidenen Störquellen von Anno dazumal, heutige Publikationen über den versiebenfachten Lärm begnügen sich kleinlaut mit informativer Sachlichkeit, Rüdiger Liedtke und Murray Schafer leiden nicht, sondern sammeln. Die Lautstärke polemischen Geistes verebbte in stillen Unterschriftenlisten. Immerhin blieb Lessings Antilärmverein einige Jahre lang existent, heutige Startbahnen sind eher fertig als die Broschüren gegen sie.

Trotzdem kann sich manch eine Bürgerinitiative, die nachts im Schlafzimmer 60 dB hat, darauf freuen, den Pegel gesenkt zu bekommen. Grüner Volksgeist nennt den Verkehrslärm immer wieder Volksgeißel Nr. 1, macht sich sogar den Klageton des geräuschempfindlichen Typus zunutze, die nächtlichen Messungen des Landesamtes für Straßenbau sind zum Glück eindeutig. Und schon geben unempfindliche Entscheidungsträger die Startschüsse für den Bau einer Umgehungsstraße. Und nenne sich der florierende Umgehungsstraßenbau auch noch so selbstgefällig »Ortskernberuhigung« – auf Monate und vor allem Jahre verdoppelt sich der Lärmanfall rund um den nimmermehr beruhigbaren Ortskern. Und kaum ziehen die Baumaschinen verrichteter Dinge wieder ab, stellen die Betroffenen fest: Auf der beruhigten Seite der Ortskernhäuser ist es kaum leiser. Und das Schlimmste: Die bis dato ruhige Rückseite empfängt ab sofort den frischen Lärm der neuen Umgehungsstraße.

Vater Lärm mästet sich an organisierter Lärmbekämpfung, Vater Staat kennt nicht die Hegelstelle: »Der Ton wird weder durch Berge noch durch Wasser, noch durch Waldungen gehemmt« und zieht für 4 Millionen DM pro Kilometer Lärmschutzwände an den Autobahnen hoch. Falls in zehn direkt an der Autobahn gelegenen Häusern die Dezibelwerte tatsächlich ein wenig, und sei es um 50%, gesenkt werden können, nie um 100, wird es für fünfhundert anderswo befindliche, höhergelegene Häuser entschieden lauter als vorher, ohne Lärmschutz. Irgendwo muß der abgedrängte Lärm ankommen, und kraft unberechneter Echogesetze springt er sehr gern an unverhofften Stellen hervor. Deshalb bleibt die Kopfzahl der Bürgerinitiativen stets kleiner als die Massen der Lärmschutzgegner. In jedem Fall ist das Glück über weniger Lärm oder der Ärger über vermehrten Lärm kleiner als die Lust, die beim Bekämpfen von Lärm entsteht.

Effektiv würde Lärmbekämpfung erst in dem Augenblick, in welchem die persönliche Lärmproduktion gesenkt werden könnte. Eine solche Senkung käme aber, unter gegenwärtigen und zukünftigen Bedingungen, nicht nur einer Stimmenthaltung, sondern einer Selbstdurchstreichung gleich. Wobei nicht einmal sicher wäre, daß es bei der praktischen Durchführung solchen Selbstdurchstreichens wirklich geräuscharm zuginge. Im Grunde weiß jeder, daß es ohne Lärm nicht geht. Wer auf der Straßenseite schläft und deshalb schlecht schläft, verkehrt oft genug auf dieser oder ähnlicher Straße, und wer gegen den Ausbau neuer Startbahnen protestiert, möchte deshalb nicht auf seinen Teneriffa-Urlaub verzichten. Jeder Mensch bleibt in der Nähe des Lärms und ist ausgerechnet da, wo es am lautesten ist, statistisch am häufigsten vertreten. Daß Lärm überhaupt, hier und da, zu stören vermag, liegt einzig an dem Umstand, daß die unempfindlichen Lärmer und die lärmgeplagten Lärmer nicht alle gleichzeitig lärmen, sondern versetzt.

Der Lärmapologet. Der Chor der Krachmacher ist oft ziemlich mundfaul. Jedenfalls bringt er es nicht zu einer ausgefeilten Ideologie des Lärms. Diese zu leisten, stand der Typus des Lärmapologeten auf. Den Attacken des Lärmbekämpfers stellt er ein Gegengewicht entgegen, das sich jederzeit zu verbalisieren weiß. Sobald der Lärmfetischist doch mal seine Maschine ausstellt und den Mund aufmacht, liefert der Lärmapologet ihm die Argumente und wird so zum streckenweise hypothetischen Typus.

Natürlich geht der Lärmapologet differenzierterweise nicht so weit, daß er den Lärm offen anhimmelt. Natürlich votiert auch er für die Vorbeugung hinsichtlich von Hörschäden, wie sie beispielsweise in Großbetrieben zugestandenermaßen den dort Beschäftigten drohen. Aber er verweist rationalistisch auf den Informationswert des Lärms, auf seine Warnfunktion. Mit geräuschlosen Autos gäbe es viel mehr Unfälle usw. Außerdem, so laut sei doch dies und das nun wirklich nicht.

Vor allem schätzt er den Lärm, ganz abgesehen von der technischen Notwendigkeit des Lärms, als den Ausdruck einer positiven Mentalität. Deshalb fliegt der Lärmapologet öfters ins Ausland, bevorzugt ins südeuropäische; denn bei dortigen Menschen findet er jene ungestörte Beziehung zum Lärm, die er liebt. Mißfarbige Sehnsucht nach Ohropax ist auf der ganzen südlichen Halbkugel erfrischenderweise unbekannt. Wer unter den nördlichen Nachteilen und der Scheelsucht der Lärmverneinung zu leiden hatte, lauscht – nicht ohne Oldtimer-Nostalgie – den Hupkonzerten, die in der BRD und ähnlich lustfeindlichen Staaten ausgerottet wurden und die nur noch in Filmen der fünfziger und ähnlicher Jahre überleben durften. In den Kinos spanischer, sizilianischer, griechischer Kleinstädte, indischer Großstädte wird wenigstens noch, mitten im Film, applaudiert: Ganze Passagen gehen im lebendigen Jubel der Spontaneität unter, derweilen der deutsche Kinobesucher nicht einmal mit Silberpapier zu rascheln, nicht einmal den Pfefferminz von einer Backe in die andere zu schieben wagt, um die reihenweise abgestorbenen Nachbarn nur ja nicht mit störendem Geräusch zu behelligen. Die Angst zu stören, die der Lärmverneiner der Lebensfreude einpflanzte und die selbst dann lähmt, wenn niemand, den das Lebendigbleiben der Mitmumien stören könnte, im Kino anwesend ist, erstreckt sich schließlich auf den Urheber selbst: Wenn hinter ihm zwei tuscheln, wagt er sich nicht umzudrehn. Kurzum: indem der Lärmapologet ein vertretbares Maß an klanglicher Entfaltung in Schutz nimmt, liefert er Bausteine zu einer Kritik der Geräuschempfindlichkeit.

Kommt ein Lärmgeplagter zu ihm und klagt über zu hohe Dezibelwerte, hält der Apologet nie ein Wort des Trostes bereit. Selten jammert er mit. Nein, er betrachtet diesen Typus als Spielverderber, als bleichen Verbrecher, der über neutrale, verzeihliche, zum Teil liebenswerte Umweltgeräusche herfällt, um sie verbissen zu verteufeln. So wird dem

Lärmapologeten dieser Typus zum Dorn im Auge, nicht anders, als dem Geräuschempfindlichen das Geräusch zum Dorn im Ohr wurde. Das Chef d'œuvre des Lärmapologeten könnte dementsprechend *Kriminalgeschichte der Lärmverneinung* heißen. Seine Argumentationsfiguren haben die Objektivität mit Schöpfkellen gefressen, und Lärm ist nun mal was ausgesprochen Subjektives und Definitionsabhängiges. Während der Apologet am Textverarbeiter hockt, hört er nebenbei Klassik und definiert sich so als eine Figur verfeinerter Unempfindlichkeit.

Erfahrungsgemäß kann der Lärmapologet als Mensch recht umgänglich sein. Er redet gern und hat auch andere Themen auf Lager. Trotzdem findet er zum Lärmfetischisten und zum Unempfindlichen, auf deren Seite er im Zweifelsfalle theoretisch steht, nicht so den richtigen Kontakt. Er selber ist alles andere als ein begabter Heimwerker. Sobald er im Flugzeug neben dem Lärmbekämpfer zu sitzen kommt, erhebt sich gleich eine lebhafte Debatte. Dann geht es stundenlang um die Frage, ob der Lärmbekämpfer bloß das Summen einer Mücke zum Trompeten eines Elefanten aufdonnere oder ob der Lärmapologet das Trompeten eines Elefanten zum Summen einer Mücke bagatellisiere.

Der Geräuschempfindliche. Ohne christlich vorbelastete Selbstbeobachtung konnte die Geschichte der Lärmempfindlichkeit nicht in Gang kommen. Außerhalb des Christentums fiel es trotz allen Lärms schwer, auch nur ansatzweise lärmempfindlich zu werden. Innerhalb des Christentums wurde man zuerst heidenlärmempfindlich. Der Ausdruck von den Stillen im Lande war ursprünglich auf die von Schopenhauer gelobten Sekten der Sybariten, Shakers und Herrenhuter gemünzt, sie erfanden die Separierung von Wohngebiet und Gewerbegebiet.

Der geräuschempfindliche Typus, auf der Höhe seiner zentralnervösen Möglichkeiten, sieht sich selber als permanentes Opferlamm und die anderen als Schlächter und Folterknechte. Ohne seine enorme Leidensfähigkeit sähen diese scheinbaren Unmenschen sofort wieder wie ganz normale Leute aus. Nicht ohne innige Genugtuung sucht der Geräuschempfindliche in Gemäldegalerien die mittelalterlichen Abteilungen auf, um regelmäßig zwischen den Geißlern Christi einen Peiniger zu entdecken, der genau weiß, was wirklich wehtut und der dementsprechend dem Herrn direkt ins Ohr trötet. Das bürgerte sich ikonologisch ein, die Kielkröpfe, die Boschfiguren, die den Heiligen Antonius zerzerren, müssen gar nicht mehr zu irgendeiner Tute greifen, sie bringen von vornherein zweckdienliche Trichternasen mit, möglichst posaunenartige Formate. Schon damals weist das Gespenst der Teufelströte, die von allein spielt, auf heutige Verhältnisse hin. Der zeitgenössische Antonius hat sich physiognomisch weniger verändert als die inzwischen motorisierten Dämonen. Diese hantieren entweder mit Maschinen oder stecken sowieso innendrin in den Maschinen, wie die Psyche im Wanst. Seit es mehr Maschinen als Menschen gibt, ist die ganze Welt voll Teufel, flächendeckend, die Zahl der Geräuschempfindlichen kann so schnell nicht mitwachsen, mangels heiliger Figuren sind die Dämonen hörbar schon zur Selbstzerfleischung übergegangen, im Gekreisch der Nachtschicht.

Mythologie beiseite – jedenfalls hat die notorische Leidensmiene des geräuschempfindlichen Typus hier ihre Wurzeln. Die Welt kann ihm noch so abhanden kommen, sie holt ihn überall knatternd ein. Steht er in einem friedevollen Garten, sieht und riecht er weder die Madonnenlilien noch die Englischen Rosen, er hört ausschließlich den kaum zu hörenden Rasenmäher, der irgendwo am Horizont windverwischt herumrasiert. Er kann in kein Kirchenkonzert mehr gehen, er hört nichts von den berückenden Streichern, er singt innerlich nicht mit bei der Zeile: »O Mensch, bewein dein Sünden groß«, er hört bloß das Tatütata außerhalb der Kirche, das Quietschen verspäteter Sohlen auf Linoleum, das Umfallen von Notenständern, die Versuche des Publikums, das Husten und Röcheln sich zu verkneifen, das Gluckern fremder und eigener Eingeweide. Am unaushaltbarsten sind ihm deshalb Rezitative und Adagios. Draußen pfeifen die Feldgrillen, drinnen die Hausgrillen. Was waren das früher für schöne Zeiten, als ihn bloß Maschinen störten, dann Menschen, dann Tiere, jedenfalls er noch nicht sich selbst. Überall lauert er auf Minimalgeräusche, um ihnen rechtzeitig wegzulaufen. Nie geht er zum Zahnarzt, Schmerzen machen ihm kaum was aus, schon aus Gewohnheit, Schmerzen sind nichts gegen den Klang des Bohrers. Nie öffnet er eine Champagnerflasche, nie ißt er Popcorn, Chips, Zwieback, Knäckebrot. Telefonisch unerreichbar, saugt er nie Staub. Kein Hammer findet sich in seinem Haushalt. Muß mal gedübelt werden, bestellt er eine befreundete Zwecklärmerin und geht solange spazieren. Er hört selbst im Liegen nie auf, auf der Flucht zu sein. Aus jedem Schlaf schreckt er hoch, er hört alles, die Schnake, die an die Scheibe prallt, das Holzwürmchen, das im Holzrahmen der Doppelverglasung zu nagen scheint. Er stilisiert sich zerschunden hinauf zum Prinzen auf der akustischen Erbse. Sein Lieblingsknopf am Radio ist die Rauschminderungstaste. An die Tür seines Arbeitszimmers hat er ein hilfloses Zettelchen geheftet: *Beata tranquillitas*. Mit Ohropax und Lärmstop hat er schlechte Erfahrungen gemacht. Da er geistig tätig ist, darf er sich die Ohren keinesfalls verstopfen: Musen benutzen denselben Eingang wie lärmende Dämonen.

Die Hauptgefahr des Geräuschempfindlichen ist diese, das Geräusch nicht nur spielerisch, sondern ganz ernstgemeint zu dämonisieren, und die Lärmentfesseler – nein die Geräuschverursacher – zu verketzern, zu vermaledeien, glühend zu hassen. Das einzige Glück, nein das einzige bißchen Ausgleich, das für den verdorbenen Naturgenuß und Kunstgenuß in Frage kommt, liegt in der schmeichelhaften Überzeugung, sensibler als all die anderen Typen zu sein. Zahlreiche erlauchte Geister teilten nachweislich diese hohe Sensibilität, die der Geräuschempfindliche nie völlig verflucht... Goethe... Schiller... Schopenhauer natürlich, und Kafka... Heine, Lord Byron, Marcel Proust... Theodor Lessing. E. M. Cioran. Er stellt die Namen seiner Schicksalsbrüder zusammen, er beneidet Peter Handke, der sich in seinem *Gedicht an die Dauer* »den Geräuschempfindlichsten der Geräuschempfindlichen« nennt. Er stößt auf immer abgelegenere Namen... Victor Hugo, Zola, Musset, Friedrich Theodor Vischer. Er nimmt sogar den Lyriker und Aphoristiker Peter Hille in seine Sammlung auf, ja, den Mathematiker Babbage, er weidet sich am Extrembeispiel Thomas Carlyle, der zwischen doppelten Wänden Torf schichtete und ein Bett, worin er ausnahmsweise einmal ungestört schlafen konnte, sofort ankaufen wollte.

Sich selbst findet der Geräuschempfindliche sehr treffend charakterisiert in einem Distichon aus dem Jahre 1868, von Friedrich Rückert: »Mitten hindurch der Maschinen Geächz und der Lokomotiven / Geht in betäubenden Lärm einsam der sinnende Geist.« Das Urmodell des zerrissenen Antonius kommt dem sinnenden Geist nie aus dem Sinn. Er legt sich ein Heft an und trägt Zitate aus allen Richtungen ein, mal ein Antilärmgedicht von Rilke: »Einst tönte der Dichter / über die Feldschlacht hinaus; was will eine Stimme

/ neben dem neuen Gedröhn der metallenen Handlung.« Mal eine Beschwerde von Gustav Mahler, eine verjährte Mischung aus Schopenhauer und Eichendorff: »Müller und Mühle mögen in ihrem Bereiche immerhin geschützt sein: wenn die Räder nur nicht klapperten und damit ihre Grenzen aufs unverschämteste überschritten und in dem Bereich eines fremden Geistes soviel Störung und Schaden anrichtete, wie gar nicht zu ermessen ist.« Der einmal aufmerksam gewordene Typus stürzt sich auf alles Verwendbare, er schwankt zwischen chronologischer Auflistung der Fundstellen und einer Einteilung in Themenfelder. Zielsicher stößt er im Handbuch des Schlagzeugs von Peinhofer/Tannigel auf die Info: »Der Schlagrute im Orchester kam vorerst die Aufgabe zu, den bildhaften Eindruck des geschlagenen, gepeitschten Individuums zu vermitteln.« Selbst sperrige Kuriosa weiß das gepeitschte Individuum aufzutun, so eine Stelle aus: *Symptomatik der durch böswilligen Wind verursachten Krankheit* von O-feng hou aus dem 7. Jahrhundert: »Jeder Mensch hat in seinem Leib 80 000 Körperwürmer. Verzehren sie die Nieren, dann klingt es im Ohr wie Kindergeschrei oder auch Donnergrollen.« Er besorgt sich nicht nur Bücher wie: *Lärmminderung an Arbeitsplätzen, Grundlagen für Sicherheitsfachkräfte und Unternehmenspraxis*, von Christ/Fischer, 1984, er durchforstet auch Max Picard nach Brauchbarem: *Die Welt des Schweigens*, er überfliegt sogar von Eugen Oker: *Scheißmaschin. Von Geräten, Apparaten, Instrumenten und Institutionen, die uns das Leben erleichtern, indem sie es uns zur Hölle machen.* Ganz besonders exklusive Lustgefühle stellen sich natürlich dann ein, wenn sich Zitate gegen die anderen Typen der vorliegenden Typologie abschießen lassen, gegen den Lärmfetischisten und den Unempfindlichen zum Beispiel Schopenhauers Einsicht, daß die Leute, die unempfindlich gegen

Geräusch sind, eben die seien, welche auch unempfindlich gegen Gründe, gegen Gedanken, gegen Dichtungen und Kunstwerke, kurz gegen geistige Eindrücke jeder Art seien. Oder gegen den Hörsüchtigen die Verszeile von Hans Magnus Enzensberger, die dem Siegeszug des Walkmans nicht in die Quere kommen konnte: »Die Subkultur baumelt an ihren Kopfhörern.« Sein Lieblingsaphorismus aber, der alles zusammenfaßt und der sehr schön das Verhältnis Musen/Dämonen beleuchtet, stammt aus *Nachts* von Karl Kraus und lautet: »Ich höre Geräusche, die andere nicht hören und die mir die Musik der Sphären stören, die andere auch nicht hören.«

Eifersüchtig überwacht der Geräuschempfindliche das Volumen seiner geliebten Sensibilität. Manchmal stellt er beunruhigt fest, daß ihn momentweise irgendein Zirpen nicht gestört hat, und fürchtet sofort, zum Urviech zu regredieren. Nein, mit all den sanguinischen Lärmfetischisten, diesen phlegmatisch Unempfindlichen, diesen cholerischen Lärmbekämpfern hat er, der Melancholiker, nichts gemein, das tröstet immer wieder, das entschädigt ein bißchen. Die andern rattern naiv, extravertiert, optimistisch vor sich hin, athletisch gebaut, naiv im Schillerschen Sinne, extravertiert im C. G. Jungschen Sinne, oknophil ans ratternde Gerät geklammert – er aber, er, der einzig wahrhaft Introvertierte, er lobt sich philobate Gerätelosigkeit, vergißt seine Schreibmaschine, jedenfalls befindet er sich jederzeit auf der Suche nach der verlorenen Stille, so sentimentalisch wie möglich, von tiefem Pessimismus gezeichnet, von leptosomer Konstitution, neurasthenisch disponiert.

Seit 1983 hat der Geräuschempfindliche Anlaß, optimistischer als bisher in die Welt zu horchen. Seit dem Siegeszug des CD-Players geht es stellenweise nicht nur ohne lebendigen Lärm, sogar ohne technisch bedingtes Rauschen. Endlich wurde die Symphonie vom LP-Geknister wie vom Massenhüsteln des Konzertsaals grundlegend gereinigt. Erstmals darf Musik nebengeräuschlos zu sich selber finden. Hier glimmt dem geräuschempfindlichen Typus die Vision eines insgesamt lärmbefreiten Kosmos auf. Allerdings beobachtet er mit Ungeduld, daß sich die Ablösung knatternder Mechanik durch summende Elektronik qualvoll Zeit läßt. Auch neigt er zur Befürchtung, daß das besiegte Knattern und Summen irgendwo Asyl finden und irgendwo aufs neue durchkommen könnte. Er ahnt, daß er nicht lange genug leben wird, um in eigener Person in die gläserne Utopie einzuwandern, die der Digitalismus vorankündigt. Altmodisch wird der Geräuschempfindliche auf dem Sterbebett liegen, eine Fliege am Ohr, das Gefiepe der Überwachungstürme angereichert mit Verkehrsdurchsagen aus Nebenzimmern, Staumeldungen, hinterfangen von den fernen Ausbesserungsarbeiten der Hausmeister.

Schlagabtausch zu siebt

DER LÄRMFETISCHIST Unerhört find ich das, das ist keine Typologie, das ist eine Polemik! Wir werden hier als Dumpfis versäckelt –

DER UNEMPFINDLICHE Sauerei, das!

DIE ZWECKLÄRMERIN Ich fühl mich total verkannt.

DER GERÄUSCHEMPFINDLICHE *kaum hörbar* Ich mich auch.

DIE HÖRSÜCHTIGE An einer Stelle mußte ich lachen, obwohl's eigentlich gegen mich war...

DER LÄRMFETISCHIST Das kann eigentlich nur einer verbrochen haben, ein »geräuschempfindlicher Tü-pus«, der da zum Beispiel, guckt ihn euch an, diesen Schlappschwanz!

DER LÄRMBEKÄMPFER Ich habe das weder geschrieben noch – ich hab anderes zu tun, wirklich. Obwohl, ich muß zugeben, vom Typ her bin ich durchaus als geräuschempfindlicher Typus zu betrachten, nehmt's mir nicht übel. Trotzdem habe ich das, wie gesagt, nicht geschrieben.

DER UNEMPFINDLICHE Da müßte man erstmal wissen, was ist das überhaupt, Lärm? Ich bin der Meinung, Lärm kann man nur als Lärm empfinden, wenn man speziell drauf aus ist: Menschenskind, jetzt ist wieder Lärm, jetzt muß ich mich ärgern, weil wieder Lärm ist!

DER LÄRMBEKÄMPFER Und dabei ist gar kein Lärm da?

DER UNEMPFINDLICHE Es ist kein Lärm. Sondern es sind Geräusche, es sind Töne vorhanden – irgendwelche Geräusche müssen aber nicht unbedingt störender Lärm sein. Sondern das wird erst als Lärm gedeutet!

DER LÄRMFETISCHIST Geräusche entstehn zwangsläufig, wenn man irgendwas tut. Und wenn man sich auch nur ein Millimeterchen bewegt.

DER LÄRMBEKÄMPFER Wenn Sie wüßten, wie der Lärm mich verfolgt.

DIE LÄRMAPOLOGETIN Da kann der Lärm nichts dafür, sondern Sie müßten mal zu einer vernünftigen Therapeutin.

DIE HÖRSÜCHTIGE Genau! Verfolgungswahn!

DER LÄRMBEKÄMPFER Mein Verfolgungswahn, der wäre viel kleiner, wenn mich der Lärm zwischendurch mal ein bißchen in Ruhe ließe.

DER GERÄUSCHEMPFINDLICHE Ich bin extra aufs Land gezogen... ich wohn jetzt am Waldrand, in Alleinlage, optisch wunderschön – aber 100 m weiter ist ein Bolzplatz, da spielt die Dorfjugend mit den Asylanten, ein Grillhäuschen, eine Kneipp-Anlage...

DER LÄRMFETISCHIST Mitspieln! Mitgrillen! Mitkneippen!

DIE LÄRMAPOLOGETIN Ich garantiere Ihnen, ab sofort würden Sie die Sache nicht mehr als störend empfinden.

DER LÄRMFETISCHIST Sondern begeistert sein und hinterher befriedigt, wenn deine Mannschaft gewonnen hat, zum Schreibtisch zurückkehren!

DER GERÄUSCHEMPFINDLICHE Was für ein Schreibtisch?

DIE ZWECKLÄRMERIN Uns können Sie nichts vormachen. Geben Sie ruhig zu, die *Typologie der Lärmenden* und so weiter, das haben alles Sie geschrieben.

DER LÄRMFETISCHIST Eine bodenlose Frechheit, diese sogenannte Typologie! Als was Besseres spielst du dich da auf, als Richter, der sich hermacht über ganz normale, freundliche Mitmenschen. Nur weil ich mal hier mit diesem Heißluftgerät von den Türen, die ich im Moment renoviere, ein paar Klebebildchen abhebe, nur deshalb werde ich gleich Lärmfetischist getauft. Das ist eine Beleidigung, hörst du! Oder nur weil ich ab und zu meinen Rasen mäh – natürlich, ich kann auch ne Sense nehmen, ich kann mir auch ein Schaf hinstellen, das macht keinen Lärm. Außer Zieh-, Beiß- und Kaugeräusche. Und ab und zu ein Määääh!!!

DER GERÄUSCHEMPFINDLICHE Ah! Warum so laut! Ich bin doch nicht schwerhörig!

DER LÄRMBEKÄMPFER Wenn Sie schon eine Typologie aufstellen, dann sollten Sie wenigstens unparteiisch sein. Ich finde es beispielsweise ziemlich ungerecht, wie Sie den Typus des Lärmbekämpfers da verulken, von wegen Besenstiel und so weiter.

DIE LÄRMAPOLOGETIN Abgesehen von meinem tiefen Vorbehalt gegen jede Art des Schubladendenkens, also auch des Typologisierens –

DIE HÖRSÜCHTIGE Man muß auch an die Mischtypen denken!

DIE LÄRMAPOLOGETIN Wissen Sie, es regt sich bei mir immer so eine gewisse Allergie. Da könnte ich wirklich platzen, wenn ich sehe, wie jemand so von oben herab – ich weiß nicht, mit wem Sie wetteifern, aber mich persönlich hat das Ganze doch stark an *Typen musikalischen Verhaltens* erinnert, von Adorno, weniger vom Methodischen her als vom Ansatz. Der Adorno begeht ja bekanntlich den Fauxpas, daß er völlig von sich selber ausgeht. Er schildert zuerst den sogenannten Experten, also eindeutig sich selbst als Idealtypus, und rückt dann die folgenden Typen stufenweise von sich weg, bis hinunter zum Unterhaltungshörer und zum Jazzfan. Elitärer gehts nicht, sag ich nur. Und Sie machen ihm das praktisch nach. Der Unterschied besteht formal nur darin, wenn ich das richtig sehe, daß Sie die Pyramide von unten her aufbaun: Unten das breite Fundament der Unerleuchteten, die realistisch vor sich hin lärmen, alle im selben Topf, und kraß gegenüber, obendrauf als Krone, setzen Sie sich selber, den exklusiven Supertypus des Geräuschempfindlichen – entschuldigen Sie, aber das finde ich, gelinde gesagt, katastrophal. Merken Sie gar nicht, was da für eine Inhumanität drin steckt in Ihrem Ansatz? Schiller und C. G. Jung, wenn ich das hier mal anfügen darf, stellten ihre Typen gleichberechtigt einander gegenüber, hören Sie; gleichberechtigt!

DER LÄRMBEKÄMPFER Was soll denn daran inhuman sein, wenn einer sensibel auf Geräusch reagiert? Das ist doch genau das, was wir brauchen.

DIE HÖRSÜCHTIGE Was kann der Geräuschempfindliche dafür, daß der Lärm bei den Leuten ziemlich beliebt ist und daß die Leute ihre Berufe dementsprechend auswählen.

DER LÄRMFETISCHIST Ich habe meinen Beruf nicht gewählt, weil er mit Geräusch verbunden ist, sondern, weil er mich in technischer Hinsicht interessiert.

DER UNEMPFINDLICHE »Musik wird störend dort empfunden, wo sie mit Geräusch verbunden!« Das ist von einem guten Freund von mir, Wilhelm Busch.

DIE HÖRSÜCHTIGE Bist du aber geböldet, mein lieber Scholli!

DER LÄRMFETISCHIST Nenn mir einen Beruf, in dem kein Lärm vorkommt – ich widerlegs dir!

DIE LÄRMAPOLOGETIN Eine Frage an Sie: Sind Sie eigentlich schon immer so lärmsensibel gewesen wie heute?

DER GERÄUSCHEMPFINDLICHE Damals, in der Ludwigshöhstraße 35, da hat mich fast nichts gestört, weder die ewigen Baustellen drumrum noch die Straßenbahn, die alle sieben Minuten vorbeibrauste, zwei Meter von meinem Bett. Meine Lärmempfindlichkeit hat sich entwikkelt, im Lauf der Jahre, ich weiß auch nicht wie. Jedenfalls wirds immer schlimmer.

DIE HÖRSÜCHTIGE Ich kann dir sagen, wie das war. Du hast eines Tages im Schopenhauer gelesen, Genies haben was gegen Lärm. Und umgekehrt: Wem Lärm nichts ausmacht, der ist halt ungenial. Das ging dir nach, stimmts? Das hat in dir gearbeitet, gibs zu. Um nicht gar zu unbegabt dazustehn, warst du quasi gezwungen –

DIE LÄRMAPOLOGETIN Da ist durchaus was dran. Es fällt nämlich auf, nebenbei gesagt, daß es vor Schopenhauer kaum Genies gegeben hat, die sich über Lärm beschwerten. Na bitte!

DER GERÄUSCHEMPFINDLICHE Das ist ein Irrtum. Hier, ich hab meine Belegsammlung mitgebracht, alles Lärmlamenti meiner Schicksalsgenossen, Dutzende, über hundert! Sogar vorchristliche Lärmlamenti gibt es da, hier meinetwegen von Juvenal, wenn Ihnen der was sagt, na, wo hab ich das jetzt, Moment: »Das Vorbeifahren der Wagen in den engen Krümmungen der Gassen und das Durcheinanderschreien der haltenden Karrenkolonnen in der Nacht wird selbst den Meerkälbern den Schlaf rauben.«

DIE ZWECKLÄRMERIN Das hätte mich auch gestört.

DER LÄRMBEKÄMPFER Kant war vor Schopenhauer. Er fühlte sich vom Gockelhahn seines Nachbarn gestört. Kurz und gut, er kaufte dem Nachbarn die Störquelle ab und verspeiste sie feierlich.

DER GERÄUSCHEMPFINDLICHE Oder hier, Lukrez: »Mauern durchtönet der Schall, und er fliegt durch geschlossene Türen.«

DER LÄRMBEKÄMPFER Also auch damals schon hellhörige Fertighäuser und mangelnde Schließdichte der Türen! Wieviel vor Christus?

DIE ZWECKLÄRMERIN Tut mir leid, in dieser Aussage seh ich keine Lärmklage. Da wird lediglich eine Tatsache mitgeteilt, in aller Sachlichkeit, ohne Wertung.

DIE LÄRMAPOLOGETIN Wir müssen natürlich berücksichtigen, Lukrez war Naturwissenschaftler. Es ging ihm darum, eine deskriptive Physik zu liefern, mehr nicht.

DER LÄRMFETISCHIST Ich hab vorige Woche oder wann's war in der Zeitung gelesen, künftig wird zum Rasenmähn ein Führerschein gefordert.

DER UNEMPFINDLICHE Die Döspaddel können halt nicht umgehn mit den Sachen.

DER GERÄUSCHEMPFINDLICHE Oder hier ein Zitat, das ist zwar nicht mehr vorchristlich, aber da ichs grad aufschlage und da es auch meine Situation sehr verdeutlicht... es ist von Richard Wagner und lautet: »Da stellte sich denn eine der Hauptplagen meines Lebens zu entscheidender Bedrängniss ein: unserem Hause gegenüber hatte sich neuerdings ein Blechschmied einquartiert, und betäubte meine Ohren den ganzen Tag über mit seinem weitschallenden Gehämmer.«

DER LÄRMBEKÄMPFER Ah! Ein Lärmfetischist!

DER LÄRMFETISCHIST Herzlich willkommen in unserer Runde!

DER GERÄUSCHEMPFINDLICHE »In meinem tiefen Kummer darüber, nie es zu einer unabhängigen, gegen jedes Geräusch geschützten Wohnung bringen zu können, wollte ich mich schon entschliessen, alles Komponiren bis dahin aufzugeben, wo mir endlich dieser unerlässliche Wunsch erfüllt sein werde.«

DIE HÖRSÜCHTIGE Ohne den Schopenhauer wäre dem guten Wagner einiges erspart geblieben.

DIE LÄRMAPOLOGETIN Ich darf übrigens hinzufügen, daß diesem in meinen Augen ohnedies höchst dubiosen Komponisten schon die Lebensäußerungen spielender Kinder derart unangenehm waren, daß er unter seinem Fenster Glassplitter ausstreuen ließ.

DIE ZWECKLÄRMERIN Dieses Schwein! Die armen Kinder!

DER LÄRMFETISCHIST Ich hör sowieso nie Wagner.

DIE HÖRSÜCHTIGE Ich hör nie wieder Wagner!

DER LÄRMBEKÄMPFER Also, das muß ich zugeben, Glassplitter, das geht doch ein bißchen zu weit.

DIE ZWECKLÄRMERIN Jeder halbwegs normale Mensch weiß: Gesunde Kinder müssen sich einfach ab und zu austoben. Sogar mein Mann hat das irgendwann lernen müssen.

DER GERÄUSCHEMPFINDLICHE Auf diesem Globus wird es nie Frieden geben. Gesunde Völker müssen sich einfach ab und zu mal so richtig austoben. Das muß man ihnen einfach lassen, finde ich, schon allein aus humanitären Gründen.

DER LÄRMFETISCHIST Dabei bist du doch selber reichlich kriegslüstern. Du ziehst ins Feld gegen die natürlichen Geräusche von Menschen und Maschinen, schwerbewaffnet mit allen möglichen Zitaten.

DIE LÄRMAPOLOGETIN Sie wohnen also extra neben einer Freizeitanlage?

DIE HÖRSÜCHTIGE Dort lauerst du auf sogenannten Lärm, geradezu hörsüchtig, um mit der Hilfe dieses Lärms zu der täglichen Verzweiflung zu gelangen, deren du offenbar bedarfst. Du Sado-Masochist du! Du bist durchschaut!

DER LÄRMBEKÄMPFER Hat nicht ein ägyptischer König soundso viele Heilige Nilpferde schlachten lassen, weil sie ihm zu laut wurden? 1500 vor Christus oder wann.

DIE LÄRMAPOLOGETIN Wenn hier überhaupt eine Typologie zuständig ist, dann die von Erich Fromm. Wir alle sind mehr oder weniger biophile Typen, wir bejahen das Leben und damit ein gewisses Quantum an Geräuschen. Sie aber, Herr Soundso, Sie sind ein eindeutig nekrophiler Typus, Sie hassen uns im Grunde, Sie wollen uns den Mund stopfen, es geht Ihnen nicht um Lärmverneinung, es geht Ihnen um Lebensverneinung.

DER LÄRMFETISCHIST Du willst Glasscherben ausstreun!

DER UNEMPFINDLICHE Nilpferde töten!

DIE LÄRMAPOLOGETIN Sie platzen vor lauter Todeswünschen!

DER LÄRMBEKÄMPFER Möchte zu bedenken geben: Da müßten ja alle großen Genies nekrophil gewesen sein... Jean Paul... Lichtenberg... Goethe mußte innerhalb seines Hauses am Frauenplan umziehn, weil er den Lärm der benachbarten mechanischen Webstühle nicht aushielt.

DER UNEMPFINDLICHE Hei, was da in der Zeitung steht, alle mal herhörn, paßt genau zum Thema!

DIE HÖRSÜCHTIGE Was, Sie lesen BILD?!

DER UNEMPFINDLICHE »In einer Münchener Wohnung hat ein 32jähriger seinen 36 Jahre alten Freund mit einem Küchenmesser erstochen – weil er sich weigerte, den Fernseher leiser zu stellen!«

DER GERÄUSCHEMPFINDLICHE Hier habe ich Zitate von Ernst Bloch, der war doch bisher ziemlich unbescholten in Sachen Nekrophilie, oder? 1930 hat er folgendes geschrieben, sehr interessant: »So schlägt das Schreiben, während und sofern es blüht, nächtliche oder ländliche Stille um sich, braucht sie. Auch dann, wenn es vormittags geschieht oder sich in der lärmenden Stadt seiner Haut wehren muß. Unumgänglich ist es beim Darstellen, keine anderen Reize mehr zu hören als die des Darzustellenden.«

DER UNEMPFINDLICHE Der will nur seine Zitate loswerden.

DER GERÄUSCHEMPFINDLICHE »Kein gutes Gebilde entstand je anders; die Muse ist ohne Schrille und selber ländlich.« Ich überschlage mal was. »Im Lärm wird geschimpft und getratscht, wird schlecht geschrieben.« An anderer Stelle muß Bloch sich eingestehen, daß auch die ländliche Stille längst einen Knacks bekam: »Das Auto, das in den Dörfern die Hühner und Gänse jagt, hat auch auf die stillsten Wege Hetze hingetragen, derer, die doch vor ihr aufs Land fliehen wollten. Diese hergefahrenen Geräusche sind freilich so stark geworden, daß die stundenlang tratschenden Bäuerinnen am Gatter ihr eigen Wort nicht mehr verstehen. Immerhin kommt die alteingeführte ländliche Stille noch vor, während das städtische Ohr dergleichen fast nur noch – wenn es Glück hat – nachts findet.«

DIE ZWECKLÄRMERIN Bei uns ist es auch nachts ziemlich unruhig. Erst nach 1 wird's ein bißchen ruhiger. Wir schlafen nämlich nach vorneraus.

DER LÄRMBEKÄMPFER Tja, ländliche Stille kommt nicht mehr vor, höchstens vor der Industrialisierung. Wie still es vor 200 Jahren fast überall gewesen sein muß, davon machen wir uns heut keinen Begriff mehr.

DER GERÄUSCHEMPFINDLICHE Das täuscht. Hier hab ich ein Zitat – Moment! – vom 25. Oktober 1518. Ulrich von Hutten schrieb in einem Brief an Willibald Pirckheimer: soll ich's mal vorlesen? – Also es lautet: »An die Ohren schlägt das Geblök der Schafe, Rindergebrüll, Hundegebell, das Schreien der Menschen, die auf dem Acker arbeiten, das Poltern und Knarren von Wagen und Gespannen; in meinem Elternhaus kommt noch das Geheul der Wölfe in den nahen Wäldern hinzu.«

DER LÄRMFETISCHIST Bitte sehr, es war zu keiner Zeit ruhig. Wozu auch?

DER GERÄUSCHEMPFINDLICHE Auch Theodor Lessing floh eine Zeitlang aufs Land. Im ersten Dorf wurde er das Opfer eines achttägigen Schützenfestes, er floh weiter, im nächsten Dorf hatte er Dampfpflüge auszuhalten, Tennengeräusche, Kesselschmiede, Kettenhunde, Katzenmusik, Hühner, Frösche, klappernde Fensterläden, scheppernde Dachziegeln, Wetterfahnen und Windharfen.

DIE ZWECKLÄRMERIN Wer soll dieser Theodor Lessing sein? Ich kenne nur Doris Lessing.

DER LÄRMBEKÄMPFER Das ist alles nichts gegen die heutigen Emissionsquellen.

DER GERÄUSCHEMPFINDLICHE Trotzdem spielte schon damals Theodor Lessing, so um 1906, mit dem Gedanken, eine Taschenuhr zu stehlen – um in den Genuß einer ruhigen Kerkerzelle zu gelangen.

DER UNEMPFINDLICHE Im Knast ist heutzutage ein unheimlicher Lärm. Das wurde selbst mir fast zuviel, als ich drin war. Den ganzen Tag Musik und Werbung. Du kannst dich nicht rausschalten. Ringleitung! Und dann erst die Knastbrüder!

DIE HÖRSÜCHTIGE Selbst Hinrichtungen verlaufen nicht geräuschfrei!

DER LÄRMFETISCHIST Es soll ja Viecher geben, die sind so supersensibel, daß sie sich bei ihrer eigenen Erschießung die Ohren zuhalten.

DER GERÄUSCHEMPFINDLICHE Glotz mich nicht so tendenziös an.

DER LÄRMBEKÄMPFER Ich war echt schockiert, als ich erfuhr, daß sogar bei der Verwesung Geräusche entstehen, Aufblähungen, platzende Organe et cetera. Und ich hatte geglaubt, nach dem Tod sei endlich mal ein bißchen Ruhe.

DIE HÖRSÜCHTIGE Wer ist eigentlich geräuschempfindlicher, Kafka oder du?

DER GERÄUSCHEMPFINDLICHE Das ist doch... das steht doch hier nicht zur Debatte. Fest steht, daß Kafka nur nachts schreiben konnte, Karl Kraus übrigens auch nur nachts. Am 23. Juli 1922 notierte Kafka: »Ohne Ohropax bei Tag und Nacht ginge es gar nicht.«

DIE LÄRMAPOLOGETIN Gut, daß Sie Kafka nennen. Ich habe nämlich auch eine kleine Zitatensammlung mitgebracht. Ich hoffe, Sie verdächtigen mich nicht, daß ich nun fieberhaft nach literarischen Eidhelfern suchen würde, die Lärmhymnen losgelassen haben, keine Angst, das nicht. Aber ich habe Stellen gefunden, die das Problematische und Fragwürdige am Typus des Geräuschempfindlichen beleuchten. Wolfgang Rothe kommentiert Kafkas Marotte folgendermaßen: »Seine ständige Klage über den Lärm seiner Umwelt, in Klammern: bei dem es sich in der Regel um einen normalen Geräuschpegel des Alltagslebens gehandelt haben dürfte, mutet zuweilen beinahe hypochondrisch an, sofern diese Hyperakusis nicht gar als psychotisches Symptom gewertet werden muß.«

DIE HÖRSÜCHTIGE Muß es?

DER GERÄUSCHEMPFINDLICHE Bitte, dann bin ich halt psychotisch. Der Kurgast Hermann Hesse hat sich vorsorglich gleich selber psychotisch genannt, er brauchte keinen Wolfgang Rothe dazu.

DER LÄRMBEKÄMPFER Aha, diese Hyperakusis muß also als psychotisches Symptom gewertet werden. Genauso, wie seitens des Patienten der normale Geräuschpegel des Alltags als Lärm gedeutet werden muß. Beide, der Arzt und der Patient, beide müssen! Sehr interessant!

DER GERÄUSCHEMPFINDLICHE Lärmempfindlichkeit muß als psychotisches Syndrom einzig seitens derer gewertet werden, die mitleidlos sich auf die Seite des Angreifers geschlagen haben.

DIE LÄRMAPOLOGETIN Es gibt keine Lärmempfindlichkeit, es gibt einzig Geräuschüberempfindlichkeit.

DER UNEMPFINDLICHE *mit Zeitungen raschelnd* Genau meine Meinung.

DER LÄRMFETISCHIST Du leidest nicht am Lärm, du leidest an deiner Einstellung dazu.

DER GERÄUSCHEMPFINDLICHE Danke für den Hinweis. Ich brauch mir bloß ein dickfelliges Ohr zuzulegen, schon läßt sich jeder Lärm unter 120 Dezibel verniedlichen zum normalen Geräuschpegel des Alltagsmenschen.

DER LÄRMBEKÄMPFER Der Lärm ist demzufolge also nicht das Produkt des Lärmenden, sondern bloß das Produkt meiner gottverdammten Sensibilität. Der wahre Verursacher bin also ich – ich müßte mich, statt über euch, über mich selbst beschweren, ach so ist das.

DIE LÄRMAPOLOGETIN Warum so sarkastisch? Im meinem großen illustrierten Gesundheitslexikon fand ich unter dem Stichwort Lärm folgendes: »Immer wieder ist auf die Relativität des Begriffs L. hinzuweisen: Ein Kranker ist lärmempfindlicher als ein gesunder, ein sensibler mehr als ein ›dickfelliger‹ Mensch L. gegenüber anfällig –«

DER UNEMPFINDLICHE Immer diese Anspielungen, das verbitt ich mir!

DIE LÄRMAPOLOGETIN »– am Schreibtisch wird L. störender empfunden als an der Drehbank.«

DER LÄRMFETISCHIST Eine Diffamierung nach der anderen!

DER UNEMPFINDLICHE Will denn keiner berücksichtigen, daß es im Grunde gar keinen Lärm gibt?

DER LÄRMFETISCHIST Sehr richtig! Etwas als Lärm empfinden, das ist eine völlig subjektive Angelegenheit!

DER GERÄUSCHEMPFINDLICHE Wieso bist du dann auf dem linken Ohr objektiv hörgeschädigt?

DER LÄRMFETISCHIST Ich bin nicht hörgeschädigt – sondern wahrscheinlich hängt das mit dem Alter zusammen. Vielleicht auch damit, daß ich tatsächlich oft recht lautem Lärm ausgesetzt bin, im Kesselhaus und so weiter.

DER LÄRMBEKÄMPFER In nicht-industrialisierten Gesellschaften ist Altersschwerhörigkeit unbekannt. Es wird also nicht ein neutrales Geräusch als Lärm gedeutet. Sondern der Lärm zermalmt auch die Gehörzellen von denen, die den Lärm –

DER LÄRMFETISCHIST Wir haben natürlich auch eine hochentwickelte Lärmbekämpfung.

DIE HÖRSÜCHTIGE Wir?

DER LÄRMFETISCHIST Wenn wir zum Beispiel einen Dampfkessel aufstelln, so wird das Gebläse, der Hauptlärmerzeuger, eingekapselt in einen Kasten, der mit Schaumstoff und Dämmungsmaterial gefüllt ist und der den Lärmpegel um 10 dB herabsetzt. Durch konstruktive technische Möglichkeiten ist der Mensch heute in der Lage, den als störend und schädigend empfundenen Lärm herabzusetzen. Früher, wenn da ein Preßlufthammer arbeitete, dann hat das einen unheimlichen Lärm gemacht. Heute gibt es schallgedämpfte Hämmer. Man hört zwar immer noch, daß es ein Preßlufthammer ist, aber ein gezähmter. Oder Kompressoren – die gibt es heute alle in dezenter Ausführung.

DER GERÄUSCHEMPFINDLICHE Das fügt sich ja bestens zu meiner These, daß die Menschen immer dumpfer und lärmsüchtiger werden, die Maschinen aber immer sensibler, immer verinnerlichter, immer leiser. Bleibt natürlich zweischneidig, so ein Leiserwerden. Staubsauger und Rasierapparate verbergen nicht ihr wahres Wesen. Sie dröhnen sprachlos drauflos. Zum Hohn der Musikgeschichte! Aber wo eine Maschine leiser tönt, als sie tönen müßte, wo sie also etwas verschweigt, wo sie sich verstellt, spätestens ab da –

DER LÄRMFETISCHIST Die Maschine verstellt sich nicht. Sondern durch Menschen ist der Lärm herabgesetzt worden, der störend war. Das ist alles.

DER GERÄUSCHEMPFINDLICHE Die Maschine ist hinterhältiger, als der Maschinist ahnt.

DER LÄRMFETISCHIST Die Maschine allein macht gar nichts. Sie kann niemals hinterhältig sein. Sie kann nicht fühlen und nicht denken.

DER GERÄUSCHEMPFINDLICHE Aber sie kann Wirkungen ausüben. Sie wirkt auf dich zurück. Sie nötigt dich, eine Ursache abzugeben für die Wirkungen, die dann im Arbeitsbereich der Maschine zu sehen sind. Du bist ein Sklave deiner Heißluftgebläse und Schlagbohrer! Der Knopf hat deinen Daumen in der Hand!

DER LÄRMFETISCHIST Das ist ein Irrtum vom Amt, mein Lieber! Denn *ich* kann bestimmen, ob ich drücke oder nicht. *Ich* bediene mich der Maschine – für meine Zwecke. Der Herr ist derjenige, der bestimmt, was gemacht wird. Und wenn ich eine Maschine abstelle, dann bin *ich* derjenige, der sagt: »So, jetzt aber Ruhe!« Oder auch: »Jetzt mußt du arbeiten!« Folglich bin ich der Herr und die Maschine ist mein Sklave.

DER GERÄUSCHEMPFINDLICHE Du duzt die Maschine?

DER LÄRMFETISCHIST Da du der Maschine irgendein Gefühl zuschreibst, hab ich mich nur auf deine Anschauungsweise eingestellt.

DER LÄRMBEKÄMPFER Wenn der Herr tatsächlich der Herr

wäre – warum haben dann Dichter den Utopisten von Anfang an visionäre Schreckbilder ausgemalt, in denen sich Roboter über Menschen erheben?

DER LÄRMFETISCHIST Du tust immer so, als wären Dichter und Techniker zwei völlig verschiedene Stiefel. Aber ich sage dir: Techniker sind auch Dichter. Sie dichten halt nicht mit Worten, sondern mit Beton und Metall.

DER GERÄUSCHEMPFINDLICHE Halt mit dem Unterschied, daß die Dichter harmlose Gegenwelten aufbaun, derweilen die Techniker die Welt vernichten.

DER LÄRMEMPFINDLICHE Bis jetzt hat noch kein Techniker die Welt vernichtet.

DER LÄRMFETISCHIST Sondern im Gegenteil.

DER LÄRMBEKÄMPFER Seit 1945 hat es weltweit über 300 kriegerische, also technisierte Auseinandersetzungen gegeben, mit zusammen rund 270 Millionen Toten, wenn ich mich richtig erinnere.

DER LÄRMFETISCHIST In früheren Zeiten, da hat es wesentlich mehr Kriege gegeben, in Europa, als heute.

DER GERÄUSCHEMPFINDLICHE Aber wirkungslos. Ohne Technik bleibt ein Krieg doch eine Lappalie. Die paar Dreschflegel, die man sich da über die Schädel haut! Die paar Städtchen, die da angesteckt werden. Da ist doch überhaupt nichts Universales dran. Das ist doch ohne Knalleffekt. Das ist ja alles abzählbar. Interessant wird's doch erst, wenn so eine ganze Millionenstadt mit einem Schlag – macht eigentlich das Abwerfen einer Atombombe Krach?

DER LÄRMFETISCHIST Das ist ein solcher Riesenkrach, den kein Mensch, normalerweise, aushalten kann. Denn was passiert beim Abwurf einer Atombombe? Es entsteht ein ungeheures Vakuum, durch die schnelle Explosion und die Verdrängung der Luftmassen, also ein Knall, der ganze –

DER GERÄUSCHEMPFINDLICHE Pro Bombe einer? Oder mehrere?

DER LÄRMFETISCHIST Pro Bombe ein Urknall quasi. Ich hab's noch nicht gehört; jedenfalls die Bilder, die ich gesehen habe, da war's ein langrollender Donner, der sich in alle Richtungen fortsetzt. Die Geräusche gehn ja Tausende von Kilometern weit.

DIE LÄRMAPOLOGETIN Was ich sehr merkwürdig finde, das sollte wirklich mal genauer untersucht werden: Es gab etliche Politiker, die extrem geräuschempfindlich waren, von Alexander dem Großen über Erich den Guten von Dänemark bis hin zu Napoleon. Laut Theodor Lessing hat der »Eisenmensch« Napoleon Musik und lautes Geräusch als eine solche Nervenqual empfunden, daß er bei ihrem Anhören zum Weinen gezwungen wurde. Genauso Wallenstein. Sechs Barone und ebensoviel Ritter mußten beständig seine Person umgeben, um jeden Wink zu vollziehen – zwölf Patrouillen die Runde um seinen Palast machen, um jeden Lärm abzuhalten. Sein immer arbeitender Kopf brauchte Stille; kein Gerassel der Wagen durfte seiner Wohnung nahe kommen, und die Straßen wurden nicht selten durch Ketten gesperrt.

DIE ZWECKLÄRMERIN Ja, wie kommt das, wie ist das zu erklären, daß ausgerechnet solche hartgesottenen Kriegsherren –

DIE LÄRMAPOLOGETIN Da müssen sie unseren geräuschempfindlichen Typus fragen.

DER GERÄUSCHEMPFINDLICHE Falls das so überhaupt stimmt – mir ist das sehr unangenehm. Genauso unangenehm wie das Gerücht, daß Hitler Vegetarier war. Verkehrte Welt, kann ich da nur sagen.

DER LÄRMBEKÄMPFER Ich kann mir leider keine zwölf Patrouillen leisten, keiner konnte sich das leisten.

DIE HÖRSÜCHTIGE Erst heut wieder werden Menschen vor Lärm geschützt, zwar nicht von zwölf Patrouillen, sondern vom Arbeitsschutz.

DER LÄRMBEKÄMPFER So ist es. Azubis müssen Hörschutz tragen, die Arbeitsstätten halten den schon bereit.

DER GERÄUSCHEMPFINDLICHE Da aber alle Azubis ausgerechnet zu jenen 60 % der Bevölkerung gehören, die zwar lärmbedroht, nicht aber lärmempfindlich sind –

DER UNEMPFINDLICHE Der Sack kann's doch einfach nicht lassen. Muß uns dauernd eine reingeben.

DER GERÄUSCHEMPFINDLICHE »Ans eigene Treiben / Sind sie geschmiedet allein, und sich in der tosenden Werkstatt / Höret jeglicher nur.« Ein Beitrag Friedrich Hölderlins zum Thema Lärmfetischismus und Maschinenzeitalter.

DER LÄRMBEKÄMPFER In jedem Falle stehn Vorschriften und Maßnahmen nie auf seiten des Komponisten – immer auf seiten des Wagnerschen Blechschmieds.

DIE HÖRSÜCHTIGE Seine gesellschaftliche Einsatzfähigkeit muß gewährleistet bleiben.

DER UNEMPFINDLICHE Das ist 'ne Unterstellung. Und immer dieselbe.

DER LÄRMBEKÄMPFER Als Zwischenergebnis können wir vielleicht festhalten: Wir beschuldigen euch, dumpf zu sein, ihr beschuldigt uns, nicht dumpf zu sein. Schon Theodor Lessing wurde damals als Lärmprofessor verhöhnt. Und die tausend Mitglieder, die sein Antilärmverein 1910 umfaßte, trugen den Spottnamen Antilärmiten.

DER UNEMPFINDLICHE Gar nicht so verkehrt.

DIE LÄRMAPOLOGETIN Erfreulicherweise betätigte sich damals Thomas Mann als Lärmapologet. Er mokierte sich darüber, daß in Lessings Zeitschrift *Antirüpel* gar zu oft die Rede sei »von dem köstlichen Nervensystem des

Herrn Lessing«. Natürlich ist auch Herr Lessing erst aufgrund seiner Schopenhauerlektüre lärmempfindlich geworden. Als Genie war sich Herr Lessing das schuldig...

DIE ZWECKLÄRMERIN Wir fangen schon an, uns zu wiederholen.

DER GERÄUSCHEMPFINDLICHE Immerhin war Lessing ein Lärmbekämpfer, der nicht nur zum Besenstiel griff, sondern auch zum Stift.

DER LÄRMBEKÄMPFER Wie soll ich das verstehn!

DER LÄRMFETISCHIST Greifen wir lieber mal zum Bier, puh, wie laut das schäumt!

DER GERÄUSCHEMPFINDLICHE Ach, was ich doch noch fragen wollte... daß ich's nicht vergesse: Gibt es eigentlich auch Bomben, die nur knallen und nicht leuchten?

DER LÄRMFETISCHIST Die Luftmine, die man im letzten Krieg häufig eingesetzt hat, ist eine Bombe ohne Licht. Ein mit Preßluft gefüllter Metallbehälter, Luft, komprimiert auf mehrere hundert atü, wurde abgeworfen, beim kleinsten Riß des Behälters reißt er total auseinander, die Luft entspannt sich auf Null, durch diesen Druck sind viele Menschen ertaubt oder die Lungen sind ihnen zerrissen worden.

DER LÄRMBEKÄMPFER Wie vereinbart sich das mit Ihrer Behauptung, aller Lärm sei bloß subjektiv; mit Ihrer Behauptung, daß es auf dieser Welt keinen Lärm gebe?

DER LÄRMFETISCHIST Hab ich nie in der Form behauptet! Ich bin im Grunde genauso lärmempfindlich wie Sie!

DER LÄRMBEKÄMPFER Seit wann denn das? Da bin ich aber baff.

DER LÄRMFETISCHIST Nur meine Einstellung ist eine andere.

DER LÄRMBEKÄMPFER Sie wollen also allen Ernstes behaupten, lärmempfindlich zu sein?

DER LÄRMFETISCHIST Ja, sicher. Ich mag zum Beispiel Straßenlärm nicht. Ich mach alle Fenster zu, ich halte rundum die Türen geschlossen, um den Lärm von draußen, der mich sehr stört, nicht hereinzulassen.

DER GERÄUSCHEMPFINDLICHE Was stört dich daran? Das ist doch so weit weg. Vibriert das irgendwie? Also, ich kann mir beim besten Willen nicht vorstellen, was an diesen Geräuschen unangenehm sein soll.

DER LÄRMFETISCHIST Lärm hindert mich am Einschlafen. Ich hab ein Unlustgefühl, wenn ich Lärm verspüre. Jedenfalls unnötigen Lärm. Wenn ich unterwegs bin, auf Reisen, hab ich immer Ohropax bei mir, falls ich nämlich im Hotel kein Zimmer bekomme, das hintenraus liegt. Wenn ich allerdings Ohropax nehme, hör ich morgens den Wecker nicht.

DER GERÄUSCHEMPFINDLICHE Oh, da wüßt ich ein geeigneteres Mittel gegen Verkehrslärm.

DER LÄRMFETISCHIST Und das wäre?

DER GERÄUSCHEMPFINDLICHE Du stehst auf, du steigst in dein Auto, du reihst dich in die störenden Kolonnen ein – und schon stört dich gar nichts mehr!

DER LÄRMFETISCHIST Da müßt ich die ganze Nacht unterwegs sein.

DER GERÄUSCHEMPFINDLICHE Siehst du, und ich müßte den ganzen Tag Fußball spielen, grillen und kneippen. Solche Tips sind also nicht beherzigbar.

DER UNEMPFINDLICHE He, was da in der Zeitung steht. Diesmal nicht in der BILD, sondern in der *HNA* – oder habt ihr da auch was gegen? Da steht: »Der einzige, den der allesdurchdringende Krach überhaupt nicht stört, der freundlich lächelnd nickt, wenn ihn erboste Passanten giftig anfunkeln, ist der Mann an dem Höllengerät. Heinz Humbach, seit 10 Jahren als Tiefbau-Arbeiter mit dem Preßlufthammer vertraut und erhaben über jene Schmerzgrenze, die anderen Kopfweh und –«

DER LÄRMBEKÄMPFER Doch wundert mich eins. Angenommen, Sie und ich, wir wären tatsächlich, im tiefsten Grunde, gleichermaßen lärmempfindlich: Wie kommt es dann, daß ich als Lärmflüchter auftrete, Sie aber als Lärmsucher?

DER LÄRMFETISCHIST Ich suche den Lärm nicht.

DER UNEMPFINDLICHE »Wenn Heinz Humbach auch ein ruhiger Zeitgenosse ist – eines kann ihn bei der Arbeit mit dem Preßlufthammer aufregen. ›Manche Leute gucken mich an, als sei ich ein Unmensch‹, beschwert er sich. Er dagegen weiß, daß das, was er tut, sein Tagewerk ist. Etwas, was getan werden muß. Seine Bitte um Verständnis – ist einfach: ›Ich mach' den Lärm doch nicht aus Spaß.‹«

DER LÄRMBEKÄMPFER Selbst in Ihrer Freizeit machen Sie noch permanent Lärm. Ich meine jetzt nicht das Renovieren Ihrer Wohnung. Ich spreche von Ihren Hobbys, vom Hobby Drechseln etwa. Warum pflegen Sie kein zahmes Hobby, ein Hobby, wo man bloß leise eine Seite umwendet? Oder leise mit dem Finger die denkende Stirn massiert?

DIE HÖRSÜCHTIGE Hier hab ich was zum Thema Psychose!

DER LÄRMFETISCHIST Ich fotografiere! Fotografieren, das ist ein leises Hobby! Denn das macht nicht viel Lärm, das kleine KLICK!!!

DER GERÄUSCHEMPFINDLICHE AUAA!! Immer direkt ins Ohr!

DIE ZWECKLÄRMERIN Eine Leserin fragt unter der Rubrik: *Fragen Sie Frau Barbara,* was man da nur tun könne, ihr zweijähriger Cockerspaniel reagiere sehr empfindlich auf jede Art von Lärm.

DER LÄRMFETISCHIST Heut sind halt schon die Köter zartbesaiteter als die Menscher! PROST!!!

DIE ZWECKLÄRMERIN »Bei Gewittern, Böllerschüssen und ähnlich lauten Geräuschen bekommt er sogar regelrechte Angstzustände. Er fängt dann an zu hecheln, zittert und verkriecht sich in irgendeine Ecke.«

DIE LÄRMAPOLOGETIN Da kann ich nur sagen: Erkenne dich selbst. Pardon: Erkennen Sie sich selbst!

DIE ZWECKLÄRMERIN Das macht unsrer allerdings auch.

DER LÄRMFETISCHIST Ja, weil ihr alle Schoßhündchen habt! Müßt euch mal einen richtigen deutschen Schäferhund anschaffen!

DER GERÄUSCHEMPFINDLICHE Die Alternative zur Stadt lautet Dorf, die Alternative zu Stadt und Dorf lautete – jedenfalls zeitweise für Karl Kraus und Rilke – Schloß.

DIE HÖRSÜCHTIGE Will denn keiner wissen, was Frau Barbara da geantwortet hat?

DER GERÄUSCHEMPFINDLICHE Rilke verbrachte den Winter 1920/21 auf Schloß Berg am Irchel, im Kanton Zürich, »viele gleichmäßig horchende Wochen«. Er legte Wert auf »weiten reinen Gehörraum«.

DER LÄRMFETISCHIST Ich hasse Fastenpredigten!

DER GERÄUSCHEMPFINDLICHE Nichts war zu hören als die Fontäne des Schloßparks.

DIE ZWECKLÄRMERIN »Der Lärm-Schock, den das Tier offensichtlich früher einmal erlitten hat, scheint sehr tief zu sitzen.«

DER UNEMPFINDLICHE Ich glaub, die Debatte bringt nix mehr. Da ist der Umgang mit meiner Schlagbohrmaschine interessanter! Wenn ich da voll aufdreh, da donnert und zittert sogar der Granit. Das vibriert richtiggehend. Von Maschinen versteh ich was, das gibt jeder zu. Am liebsten würde ich –

DER GERÄUSCHEMPFINDLICHE Dann aber mußte der Dichter »am Ausgange des Parks« die Entstehung eines kleinen Baues beobachten, den hielt er für eine Scheune. Doch dann entpuppte sich das Ding als elektrisches Sägewerk.

DER LÄRMFETISCHIST Hähä, recht so. Hoffentlich wurde da rund um die Uhr gearbeitet! Diese Memme da!

DIE ZWECKLÄRMERIN »In einem derart schweren Fall von Angstpsychose könnte mal die Verabreichung eines Beruhigungsmittels angebracht sein.«

DER GERÄUSCHEMPFINDLICHE Leidend notierte der Dichter, und zwar im April 21: »Die Zeit des Wirkens ist vorbei. Nun spricht die Säge.«

DIE ZWECKLÄRMERIN »Vielleicht ist es möglich, den Hund allmählich an Lärm zu gewöhnen. Das verlangt allerdings viel Geduld. Versuchen Sie es trotzdem. Bei Gewitter selbst keine Angst zeigen.« Soweit Frau Barbara. Leicht gesagt, bei Gewitter keine Angst zeigen.

DER LÄRMFETISCHIST Es war doch Winter damals...

DIE HÖRSÜCHTIGE April.

DER LÄRMFETISCHIST Womit hat denn dieser Wilke, oder wie der hieß, womit hat denn der geheizt? Doch wohl mit Holz. Und wer hat das gesägt? Doch nicht wohl er selber, wie?

DER UNEMPFINDLICHE Allein um seinen Kram da zu verzapfen, da brauchte er warme Pfoten, also Brennholz.

DIE LÄRMAPOLOGETIN »Denn ihr erfröret, wenn wir nicht schwitzten!« Das ist eine Holzfällerweisheit, die es immer wieder in sich hat.

DER LÄRMFETISCHIST Denn du verstummtest, wenn ich nicht dröhnte! Herrlich, das haut rein, das mußt du zugeben.

DER UNEMPFINDLICHE Nun geben Sie das schon zu!

DIE LÄRMAPOLOGETIN Jeder, der dem Lärm was verübelt, verdankt dem Lärm die eigene müßige Existenz. Überlegen Sie doch mal kurz folgendes: Wagner hatte was gegen den Blechschmied. Aber seine eigenen Vorfahren sind selber Blechschmiede gewesen bzw. Wagenbauer, nämlich Wagner. Tilman Oswald Spengler waren Blechschmiede = Klempner = Spengler, Carl Maria von Weber und Max Weber waren Weber, Heiner Müller war Müller, Klaus-Heinz Metzger Metzger – alles lärmmachende Berufe. Und Ihr Arthur Schopenhauer, der fragwürdige Schutzpatron aller geräuschempfindlichen Leute, nun, der war im Holzgewerbe tätig, seine Vorfahren hauten Schöpfkellen zu, also Schoppen!

DIE HÖRSÜCHTIGE Vater Lärm sieht es nun mal nicht gern, wenn ab und zu eins seiner Kinder sich abseilt und plötzlich behauptet, der väterliche Lärm sei widerlich und mütterlicher Gesang höre sich viel schöner an.

DIE LÄRMAPOLOGETIN Musik ist Luxus, Lärm ist heilig, und nicht nur das: Lärm ist lebenswichtig, Geräuschempfindlichkeit immer undankbar. Die größten Genies ahnen das und haben dementsprechend nichts gegen Lärm einzuwenden. Bach komponierte mitten im Remmidemmi seiner 14 oder 15 Kinder, oder wie viele es waren. Goethe lief als junger Mensch neben den Straßburger Paradetrommeln her, um sich abzuhärten...

DER GERÄUSCHEMPFINDLICHE Ja, weil er unter seiner Empfindlichkeit litt! Wenn er nachts Gedichte schrieb, war ihm sogar die Gänsefeder zu laut und er nahm einen Bleistift.

DIE LÄRMAPOLOGETIN C. G. Jung hat zugegeben, daß Goethe jede Typologie sprengt, Goethe war einfach zu vielfältig. Aber da nehmen wir halt Kafka. Der war doch nun wirklich der Prototyp des Geräuschüberempfindlichen. Trotzdem trat Kafka wiederholt als Zwecklärmer in Aktion, nämlich immer dann, wenn er im Büro Schreibmaschine schrieb. Auch fuhr er bekanntlich gern Motorrad... und Mozart komponierte im Gerappel der Postkutschen...

DIE HÖRSÜCHTIGE Ich hab gehört, der Mozart hätte in der Gesellschaft von essenden und lachenden und quasselnden Leuten ganz besonders flott komponiert.

DIE LÄRMAPOLOGETIN Hegel hat sich bei der Fertigstellung seiner *Phänomenologie des Geistes* durch den Schlachtenlärm von Jena beflügeln lassen.

DER LÄRMBEKÄMPFER Aber Beethoven hat gelitten, als die Stadtmauern von Wien gesprengt wurden. Obwohl er schon so taub war, daß er seine eigenen Werke nicht mehr hören konnte, das hörte er trotzdem.

DIE LÄRMAPOLOGETIN Oder hier, folgendes Zitat fand ich bei Walter Benjamin: »Später klagte ein Dickens, wenn er auf Reisen war, immer wieder über den Mangel an Straßenlärm, der ihm für seine Produktion unerläßlich sei. ›Ich kann nicht sagen, wie sehr die Straßen mir fehlen‹, schrieb er 1846 aus Lausanne, in der Arbeit an ›Dombey und Sohn‹ begriffen. ›Es ist, als ob sie meinem Gehirn etwas gäben, dessen es, wenn es arbeiten soll, nicht entbehren kann.‹«

DER GERÄUSCHEMPFINDLICHE Ein typischer Fall! Hochgradige Hörsüchtigkeit.

DIE LÄRMAPOLOGETIN Ihn inspirierte nicht das Thema Lärm, sondern der pure Lärm. Er sprach vom Lärm als einer magischen Laterne.

DIE ZWECKLÄRMERIN Am Beispiel von Dickens sehen wir doch, daß es kein Widerspruch sein muß, gesellschaftliches Wesen und zugleich ein großer Dichter zu sein.

DER LÄRMBEKÄMPFER Der große Dichter Charles Dickens

zeigt uns, daß er zwar nicht in Harmonie mit der Natur lebte, wohl aber in Harmonie mit der Natur des Lärms. Er litt nicht im mindesten an Hyperakusis. Sein Ohropaxverbrauch war gleich null. Beneidenswert!

DIE LÄRMAPOLOGETIN Ein Beispiel aus diesem Jahrhundert: Darius Milhaud komponierte am Place Pigalle in Paris bei offenem Fenster und laufendem Radio. John Stuart Mill ließ, um seine erschlaffende Denkkraft anzuregen, während der Arbeit eine im Nebenzimmer aufgestellte Pauke schlagen.

DER GERÄUSCHEMPFINDLICHE Das mit Mozart, das ist nur bedingt wahr. Wolfgang Hildesheimer schreibt darüber folgendes: »Andere Einzelheiten sind überliefert, zum Beispiel die Entfernung des Kanarienvogels, dessen Töne der Sterbende nicht mehr ertragen konnte: Ein einleuchtendes Detail jener Art, die man wohl kaum erfindet. Uns wundert dabei höchstens, daß der Lebende ihn ertragen konnte.«

DER LÄRMBEKÄMPFER Mich wundert dieses »uns«. Normalerweise steht doch ein empfindliches Ich einem unempfindlichen Wir gegenüber. Hildesheimer aber tut, als könnten wir alle schon bei Lebzeiten die Geräusche von Kanarienvögeln nic und nimmer aushalten, komisch.

DIE ZWECKLÄRMERIN Die können einen manchmal tatsächlich ganz schön nerven.

DIE LÄRMAPOLOGETIN Wie dem auch sei, es fällt doch auf, daß der Schopenhauer mit seiner Genielehre völlig schief lag. Für jede Absurdität läßt sich ein Beispiel finden, wie wir gesehen haben. Mal ist wie zum Hohn kein Genie, sondern ausgerechnet ein militärisches Genie wie Wallenstein geräuschüberempfindlich, dann wieder ein Genie wie Mozart vergleichsweise unempfindlich – was stimmt da nicht? Vollends durcheinander brachte die allzu simple

Gleichung Schopenhauers ein Mann wie Konsalik: Der erfolgreiche Romancier entpuppte sich im Interview als ein Empörer alten Stils, er sagte: »Lärm ist Dynamit für die Konzentration.« Überboten wird er da nur noch von Peter Handke.

DER LÄRMBEKÄMPFER Nicht nur Mozart, Dickens und Konsalik unterhöhlten den Schopenhauerschen Ansatz, die Privatperson Dr. A. Schopenhauer selber lieferte nämlich mindestens einmal einen Auftritt als Aktivlärmer. Er traktierte mit dem Stock lautstark sein Mobiliar.

DIE HÖRSÜCHTIGE Da wurde der Schopenhauer wieder zum Schoppenhauer! Immer diese Rückfälle! Tja, wer vom Lärmfetischisten abstammt –

DER LÄRMBEKÄMPFER Den Nachbarn wurde es zu laut.

DIE HÖRSÜCHTIGE – obwohl denen Lärm ansonsten gar nichts ausmachte.

DER LÄRMBEKÄMPFER Man schritt ein, mit der unversöhnlichen Gebärde des Lärmbekämpfers. Was aber gab der Philosoph für eine Erklärung ab? Er zitiere seine Geister.

DER GERÄUSCHEMPFINDLICHE Ich lese zur Zeit die *Nachtwachen des Bonaventura*. Dieses Buch wurde geschrieben von einem Poeten, der kurz vor Beginn des Buches einen Posten als Nachtwächter angenommen hat, man könnte auch sagen: Das Buch wurde geschrieben von einem Nachtwächter, der vorher Poet gewesen ist. Nun beobachtet, während seiner ersten Nachtwache, der neue Nachtwächter einen Poeten, der die Stille der Nacht zum Dichten nutzt, genauso, wie vorher er selber, der ehemalige Poet, die Stille der Nacht zum Dichten genutzt hatte. Dieser ehemalige Poet wurde beim nächtlichen Dichten – vielleicht noch gestern – regelmäßig vom Horn des

Nachtwächters, vom Horn des Vorgängers, gestört, von diesem »echten antipoeticum«. Nun bläst er selber jede Stunde ins Horn und stört so den beobachteten Kollegen; stört den Nachfolger, der von seiner eigenen, bevorstehenden Nachtwächterwerdung vielleicht noch gar nichts ahnt. Er stört quasi sich selbst. In eigener Person vertritt er die Rechte des Lärms gegenüber seiner eigenen, noch vor kurzem gepflegten Anmaßung, geräuschempfindlich zu sein. Er bestraft sich dafür, gelitten zu haben.

DIE HÖRSÜCHTIGE Um dieses Buch schreiben zu können, muß der Nachtwächter erneut Poet werden.

DER LÄRMBEKÄMPFER Oder Poet geblieben sein. Oder er war von Anfang an mit Unempfindlichkeit begnadet. Oder mit Hörsucht, à la Dickens. Und mokierte sich bloß über das Spielchen, das Störer und Gestörter miteinander spielen.

DIE ZWECKLÄRMERIN Im Grunde dürfte ein Poet dem Lärm nichts übelnehmen, erstens ernährt er ihn, zweitens –

DIE HÖRSÜCHTIGE Er vermurkst ihm zwar die momentane Situation. Aber insgesamt gesehen stärkt er seine Widerstandskräfte. Er vergrößert seine Themenpalette.

DIE LÄRMAPOLOGETIN Er bestärkt ihn im Hochmut. Er zeigt ihm seine Herkunft, er lockt und schockt mit Zukunft. Er spiegelt die Gegenwart seines unvermeidlichen Zwecklärmertums.

DER UNEMPFINDLICHE Also, ich geh jetzt, ich hab genug. Es kommt sowieso nix raus dabei.

DIE LÄRMAPOLOGETIN Und umgekehrt, was die Typen des Unempfindlichen und des Lärmfetischisten betrifft, die müßten dem Typen des Geräuschempfindlichen gleichfalls dankbar sein. Er verschafft ihnen Arbeitsplätze. In Motorsägenfabriken, beim Abholzen, in der Schreibwarenindustrie – die Maschinen der Druckindustrie gehö-

ren zu den lautesten überhaupt. Wenn Sie konsequent wären, müßten Sie sofort das Schreiben abbrechen, meine Rede mitten im Satz –
DER LÄRMFETISCHIST Genau! Du bist inkonsequent!
DIE HÖRSÜCHTIGE Du verfaßt in aller Stille ein Manuskript und empfängst hinterher ein stilles Buch. Was dazwischen liegt, technisch gesehen, das vollzieht sich weitab deiner Hörweite. Andere müssen sich deinen Lärm anhören, Drucker, Papierfabrikangestellte, Hausmeister, Hilfskräfte...
DER UNEMPFINDLICHE Wir müssen uns deinen Dreck anhören:
DER LÄRMFETISCHIST Du Lärmförderer!
DIE ZWECKLÄRMERIN Du Lärmauslöser!
DIE LÄRMAPOLOGETIN Sie Arbeitgeber!
DER LÄRMBEKÄMPFER Sie indirekter Großlärmer!
DIE HÖRSÜCHTIGE Du Schreibtischlärmer!
DER LÄRMBEKÄMPFER He, was soll das! Stellen Sie sofort das Ding aus!
DIE HÖRSÜCHTIGE Ui, wie das übersteuert! Das kommt doch alles mit aufs Tonband!
DER UNEMPFINDLICHE Ich mußte mir ja euer Gelaber auch lang genug anhörn! Jetzt sauge ich Staub. Wenn's kein anderer macht. Das muß auch mal gemacht werden.
DER LÄRMBEKÄMPFER Ich mach's! Freiwillig! Aber später. Jetzt wollen wir erstmal zu Ende diskutieren.
DER UNEMPFINDLICHE Merkt ihr nicht, ihr habt längst zu Ende diskutiert. Nun spricht der Staubsauger!

Hymnos an Vater Lärm

Es bleibt dir nichts übrig, du bist unser Vater, so donnerst du, Lärm ist dein Kleid, so herrlich laut bist du, daß du uns möglicherweise nicht hören kannst, niedlich klappern wir hier unten herum und geraten dir nicht ins Hörfeld, so sehr wir auch die Boxen aufdrehn und mit den Bremsen quietschen und das Sistrum schütteln, wie Isis damals, als sie den Typhon vertrieb.

Wir rasseln metallisch mit dem Troddelsaum unseres antiken Fellschilds – du hörst nicht zu. Wir klingeln mit unseren gnostischen Klingelmänteln, du bist lauter, lauter bist du als Düsenjäger und Disco, lauter selbst als das Getöse, mit dem wir diverse Dämonen vertreiben, lauter als der Lärm, mit dem wir dich herbeiläuten, lauter als das Heulen von Rudra, dem Heulenden, dem Sturmgott Hindostans, der seinerseits alle Tempeloboen, Langtuben, Lautsprecher übertönt, alle Gongs, kümmerliche Utensilien der Ohnmacht – lauter als olympisches Gelächter, lauter als Vaticanus, Fabulinus, Crepitus, römische Götter des Lallens, Schreiens, Furzens, lauter als Pan und Silvanus, kräftestrotzende Walddurchbrüller, lauter selbst als germanische Donnerschläge, die immerhin lauter als der Donner von Jupiter und Zeus waren, so laut, daß für Gott zunächst kein anderer Name passen wollte als Donar. Laut bist du, noch lauter bleibst du, lauter selbst als Gott auf der Höhe seiner Omnipotenzentfaltung, lauter als der Gewittersturm, aus dem Jahwe bevorzugt antwortete und sprach, nie verlierst du dich in unpassender Selbstzurücknahme, nie kommst du unauffällig als Lüftchen geflogen, statt als Sturm.

Summend kürzen wir unseren Rasen, du aber zerbrichst die Zedern im Libanon und anderswo.

Wir bewegen huldigend den Schellenbesatz und die Klirrgehänge unserer Priestergewandung, du aber scheinst zeitweise dein Ohr verstopft zu haben vor unserem Jubel.

Du hörst alles – hörst du auch uns?

Jetzt schon versuchen wir dir donnern zu helfen, wir üben oft.

Hast du neulich zugehört, als das Lamento unserer Maschinen zum Himmel jaulte? Sind wir zu leise?

Oder sind deine Ohren – wir?

Wir sind deine Ohren, tönende, lärmende Ohren, Anhimmler deiner akustischen Himmel, glaub uns, wir haben keine anderen Väter neben dir, keinerlei Gegengötter, nicht mal den mexikanischen Götzen Ohropaxl oder wie er heißt, zerschmettere ihn, zermalme, zermatsche seinen schmierigen Leib, vereitle seine aussichtslosen Versuche, deine Herrlichkeit zu dämpfen, in roten viereckigen Kugeln rollt er besiegt davon, unbenutzt hinweg.

Auch keine Mütter haben wir neben dir, weder die Stille noch Frau Musica, vernichte sie, übertöne, töte die tödliche Stille!

Die angebliche Musik

Zwitschermaschine im Frühstadium

Endlich Ruhe – nur Vogelgetschilp, sonst nichts. Vormittagsstimmung, sehr schön. Sehr günstig. Und vor allem, das wird eine Zeitlang so bleiben, darauf acht ich. Entferntes Summen – macht nichts, kann dabeibleiben, ausnahmsweise genehmigt. Heut kann mich nichts abhalten, nichts, auch nicht das Krabbeln der Insekten, ich brauch nur anzufangen. Sonnenflecke gehen durchs Blattwerk des Vogelbaums... schon lang war ich nicht mehr hier, warum eigentlich nicht?

HUGO WOLF *Nur noch das Ohr dem Ton der Biene lauschet.*

Ach so, eine Biene soll das sein. Und ich dachte schon – Sonst weiter keine Lärmmöglichkeit festzustellen hierzulande. Hier ist es schön ruhig. Das geht nicht jedem so. Glaubt mir, niemand quasselt mir hier dazwischen. Vorsorglich hab ich meine Fremdsprachenkenntnisse kleingehalten. Wie machen die das bloß, die Vögel, da sind ja förmlich Menschenstimmen dazwischen, oder?

ROBERT GERNHARDT *Herrlich diese Ruhe, sage ich mir ein übers andere Mal, diese Ruhe ist ja herrlich, ganz herrlich, eine herrliche Ruhe. Das ist schon etwas Herrliches, so eine Ruhe, wenn ich dagegen an den Lärm in Frankfurt zurückdenke!*

Kann ich nur bestätigen. Alles unverbaubar. Und die Schnellbahn liegt hinter dieser Bodenerhebung. Doch jetzt bitte Ruhe. Ich fang jetzt nämlich an. Mein Stift, aha, so siehst du diesmal aus. *Garantiert 1 km Strichlänge.* Bist du bereit, Wegwerfschreiber? Es kann beginnen.

ARNO SCHMIDT *Wenn Pflanzen schreien könnten, wär' alles voller Geheul.*

Hat eine Pflanze überhaupt die Möglichkeit, Krach zu machen? Ohne Luftbewegung ist da wahrscheinlich nicht viel möglich, Wind und so weiter.

KANDAULES *Ei, gibts doch Bäume, die, wie jener Stein*
Das Licht des Tages trinkt, um es im Dunkeln
Zurückzugeben, Klang und Schall verschlucken,
Die singen, plappern, ächzen dann bei Nacht!

Ah! Materialien zu einer Naturgeschichte des Tonbandgeräts! Daß die Tonbandgeräte immer alles nachmachen müssen, da hab ich bisher gedacht, das hätten sie den Dohlen und Papageien nachgemacht, die schon viel früher als die Tonbandgeräte immer alles nachmachen mußten. Jetzt aber ran ans Werk! *Vom Zauber der Frühwerke* – ich kann das dann ja immer noch umbenennen. Mit Frühwerken meine ich natürlich in erster Linie Insektengesang und Vogellieder. Ich müßte nur noch vorher abklären, ob auch Pflanzen hier mit reingehören.

TOVE JANSSON *Das Wachsen erfüllte das ganze Haus mit einem feinen Geräusch. Manchmal gab es einen leichten Knall, wenn eine Riesenblume sich öffnete oder eine große Frucht auf den Teppich fiel.*

Die Samenkapseln hab ich vergessen, die explodieren ohne fremde Hilfe. Ansonsten sind Pflanzen – wenn was Hörbares dabei rauskommen soll – auf das Teamwork mit Unorganischem angewiesen, die fallende Nuß auf eine Aufschlagfläche, am besten Asphalt. Das Kind des Waldes und des Windes – sein Name ist Waldesrauschen. Bäume werden erst laut im Widerstand gegen die Säge, oder wenn in den Bergen unmäßiger Schneefall sie zum Zusammenbrechen zwingt...

ADALBERT STIFTER *Ein helles Krachen, gleichsam wie ein*

Schrei, ging vorher, dann folgte ein kurzes Wehen, Sausen, oder Streifen, und dann der dumpfe, dröhnende Fall, mit dem ein mächtiger Stamm auf der Erde lag. Der Knall ging wie ein Brausen durch den Wald, und durch die Dichte der dämpfenden Zweige; es war auch noch ein Klingeln und Geschimmer, als ob unendliches Glas durcheinander geschoben und gerüttelt werde –

Wir dagegen befinden uns im Juli, da drüben blüht Diverses, Kleeduft erfreut mich, da unten brütet ein unverfälschtes Biotop. Schilf, bei Windstille, flötet nicht – die Flöte, ohne Atemstrom, bleibt still. Das Tier will aber auch bei absoluter Windstille lärmen. Folglich mußte es eine körpereigene Windmaschine kreieren. Akustisch-zoologisches Grundgesetz: Ohne Windstille keine Lunge. Diese Erfindung wurde weidlich ausgenutzt. Was hab ich mich schon gekrümmt unter Gejaul, Gekläff und –

ERNST BLOCH *Die Pflanzen sind in diesem Punkt wie Fische, die meisten Tiere, wenn sie nicht gestört werden oder zum Bellen abgerichtet, lärmen nicht.*

Wer nie in den Flußwäldern des Orinoco übernachtete – Alexander von Humboldt damals mußte die ganze Nacht auf jeden Schlaf verzichten, so schnarchten die Süßwasser-Delphine.

ALEXANDER VON HUMBOLDT *Es waren das einförmige jammernde Geheul der Aluaten (Brüllaffen), der winselnde, fein flötende Ton der kleinen Sapajous, das schnarrende Murren der gestreiften Nachtaffen (Nyctipithecus trivirgatus, den ich zuerst beschrieben habe), das abgesetzte Geschrei des großen Tigers, des Cuguars oder ungemähnten amerikanischen Löwen, des Pecari, des Faulthiers, und einer Schaar von Papageien, Parraquas (Ortaliden) und anderer fasanenartiger Vögel.*

HERBERT WENDT *Die karbonischen Festländer waren eine*

schweigende Welt, zumindest was die Lebewesen betrifft. In das Sturmheulen, Meeresrauschen und Steinepoltern mischte sich kein einziger Tierlaut, wenn man vom metallischen Schwirren und Surren vorzeitlicher Riesenlibellen absieht.

Darin treffen sich Orinoco und Karbon, daß beide gleich ins Extrem gehen müssen. Da lob ich mir meine gemäßigte Zone, nicht zu laut und nicht zu leise. Was mich allerdings schnell noch interessieren würde: Wie kam es eigentlich damals zur ersten Tierstimme?

HERBERT WENDT *Die wurmartigen, in vielen Punkten noch sehr urtümlichen Blindwühlen geben keine Töne von sich.*

Sie könnten also genauso Stummwühlen heißen? Wer aber war es dann, wenn nicht die Blindwühlen? Vermutlich die Molche, nicht wahr?

HERBERT WENDT *Sofern sie nicht gänzlich stumm sind, bringen sie lediglich ein leises Quäken, Kläffen, Kreischen oder Piepsen fertig, das sie durchweg nur bei Belästigung ausstoßen.*

Am Anfang der Musikgeschichte steht folglich der Protestsong der Molche –

HERBERT WENDT *Doch nicht nur Biologen, sondern auch die Musiker und Tonkünstler müßten den Amphibien zutiefst dankbar sein.*

– dann erfanden die Pochkäfer das Schlagzeugsolo und dann die Zikaden und Heuschrecken das Ständchen.

URANIA TIERREICH *Vermutlich dient das Pochen der gegenseitigen Anlockung der Geschlechter. Allerdings ist diese Lautäußerung insofern noch rätselhaft, als bei den Pochkäfern noch keine Schallsinnesorgane nachgewiesen wurden, die Tiere somit nicht hören.*

Da haben wir mal wieder den Beweis: Der Lärm ist älter

als das Ohr! ♂ und ♀ stehen sich als Sender und Empfänger gegenüber, der Sender sendet und sendet, pocht und pocht – und der Empfänger bin wie immer einzig und allein ich, ich muß mir das mit anhören, nachts im Holz. Erst wo die Trommel der Pochkäfer zur Geige wird, und zwar auf der Stufe der Schnarrheuschrecken und beim Zwitscherheupferd, erst da öffnet sich am Vorderbeinknie ein Ohr für die Töne des Zirp-Apparats, der am Hinterschenkel des Geschlechtspartners sitzt, hurra, man hört sich – und auch hier: Feind hört mit: Ich.

RHODOPE *Und doch vernahm*
Ich mancherlei Geräusch, das nicht von dir
Und auch von mir nicht kam.

KANDAULES *Die Nacht ist reich*
An Schällen und an seltsam fremden Klängen,
Und wer nicht schläft, hört viel.

So geht mir das auch, wenn ich das ARD-Nachtkonzert ausstell. Dann hör ich das Holz arbeiten, es knopert am Laden, nach 2 überträgt der Berg die Vibration der 17 km entfernten Autobahn.

RHODOPE *Es rasselte.*

KANDAULES *Ein Mauerwurm!*

RHODOPE *Es klang, als ob ein Schwert*
An etwas streifte.

KANDAULES *Mags! Wo wär der Ton,*
Den die Natur in wunderlicher Laune
Nicht irgendeinem possenhaften Tier
Als Stimme einverleibte? Reiß einmal
Dein Kleid entzwei und merke dir den Laut,
Ich schaff dir ein Insekt, das ganz so schnarrt.

Diese Feldheuschrecke da – oder was soll das sein – hört sich in der Tat ziemlich defekt an, wie ein schlechtes Cembalo, total verstimmt, dirty notes anderer Viecher mischen sich ein, da muß anscheinend mal was geölt werden – die haben sich wohl auf irreparable Radiostörungen spezialisiert, seit Jahrmillionen wird das ausgestrahlt, und ich fürchte –

TIERVATER BREHM *Sie sind also »Geiger« im vollen Wortsinn, deren musikalische Leistung denn auch besonders kräftig ertönt, zumal die pergamentartig harten, wie vertrocknet erscheinenden Decken dabei als Klangverstärker wirken.*

Das sollen »Geiger« sein? So eine Schönfärberei. Das wäre *Grzimeks Tierleben* nie passiert. Leider hab ich keins dabei und ich komme erst in drei Wochen wieder mal nach Frankfurt. Nein, Brehms fleißige Musikanten haben es noch weit bis Vivaldi und Brahms. Diese »Geiger« sind nicht »Geiger«, sondern eher »Geigen«, die sich selber »geigen«, rein technisch gesehen. Oder besser: Automatische Drehleiern, ohne Spielmann, quer steht ihr Schnarrsteg im Sendersuchlauf, keine Feinabstimmung springt bei.

TOVE JANSSON *Auf einer kleinen Wiese fanden sie den Tanzboden. Er war mit Kränzen aus Glühwürmchen geschmückt, und am Waldrand saß eine riesengroße Heuschrecke und stimmte ihre Geige.*

WILHELM BUSCH *Zing, zing, traromm! – und auf der Stelle Ertönen die Klänge der Hofkapelle.*
Die Fliege blus Trompette,
Der Mück Klarinette,
Die Hummel die Trummel,
Der Heuschreck die Geigen;
Das gab fürwahr einen lustigen Reigen.

Na, woher kenn ich das, ach wann war das, das hat nie mehr so geklungen seitdem, vorbei, vorbei... oder noch nicht vorbei? Jetzt regredieren können... das wäre prima. Wenn das so einfach wäre... da kommt schon wieder ein

Zitat, wie das schrillt, hier ist alles knallvoll von Zikaden...

URANIA TIERREICH *Die Stridulationsorgane (Zirporgane) sind stets nach dem Schrillkammtyp gebaut, das heißt, es wird eine mit zahlreichen chitinösen Erhebungen (Zäpfchen, Zähnchen oder Querrippen) versehene Schrilleiste über eine Schrillkante bewegt.*

TIERVATER BREHM *An der Unterseite des linken Flügels ist eine Schrillader ausgebildet, die wie eine Feile Rillen besitzt, wogegen die rechte Flügeldecke neben dem sogenannten »Spiegel« eine scharfe Chitinkante zeigt, die als Reibungsleiste wirkt.*

Wie sachlich Tiervater Brehm auf einmal sein kann, ausgerechnet jetzt, wo ich schwach geworden bin für anthropomorphe Exzesse... Reibungsleiste... Schrillader... Schrilleiste... Schrillkante, das gehört wahrlich nicht ins Märchenbuch, immerhin: so stelle ich mir fröhliche Wissenschaft vor! Diese Namen machen mir die Ernüchterung fast erträglich...

URANIA TIERREICH *Eigentlich darf man ihre Geräusche gar nicht als Gesang bezeichnen, denn es handelt sich in der Regel um ein oft blechern klingendes, schnarrendes Schrillen, das mit bestimmtem Rhythmus und wechselnder Lautstärke hervorgebracht wird.*

Hoffentlich verwechsele ich jetzt nicht Heuhupfer mit Zikaden...

KONRAD GUENTHER *Wenn eine Zikade singt, so ist es, als ob eine Heulsirene sich zuerst langsam und dann immer schneller dreht, bis schließlich der Pfeifton erschallt.*

Wenn das Zikade und Heulsirene voneinander wüßten!

URANIA TIERREICH *Eine in der Nähe singende Blutrote Zikade erinnert an einen Scherenschleifer an der Arbeit.*

Und das nennt sich dann Zikadengesang.

URANIA TIERREICH *Tropenreisende berichten, daß der Gesang der südamerikanischen* Queseda gigas *dem Pfiff der Dampflokomotive ähnelt –*

Ich fürchte, ich muß mich damit abfinden, in einer hochtechnisierten Gesellschaft zu leben – was nun?

ARNO SCHMIDT *– was war das Geräusch eben? Eine nahe Grille; oder ein meilenferner Traktor?*

Die haben ja heut alle dasselbe drauf!? Jeder in seiner Sprache.

URANIA TIERREICH *Am besten läßt sich die Arbeitsweise dieses Organs mit einer Blechdose vergleichen, deren gewölbten Deckel man schnell hintereinander eindellt und zurückschnellen läßt.*

Ihr wiederholt euch! Merkt ihr nicht, daß ihr mir dauernd dasselbe vorsingt? Als wenn ich das nicht seit Jahren selber wüßte: Die Insektenkunde ist eine Unterabteilung der Staatlichen Hochschule für Maschinenbau. Ich muß bald mal mein Interessengebiet wechseln. Nichts wie weg hier! Tschüs! Ich wende mich hiermit der Musikgeschichte zu. Ich wollt halt vorn anfangen. Aber das hier, das ist mir doch ein bißchen zu weit vorn.

URANIA TIERREICH *Bekanntlich gehören die Heuschrecken zu den Insekten, die vorzüglich musizieren können.*

Na, na, na, das soll ich glauben? Da hat doch schon wieder Tiervater Brehm mitgemischt. Nichts gegen Versöhnung, aber das geht zu weit. Auf solchen Schmus fall ich nicht rein, ich nicht. Vorzüglich musizieren, nein danke, Musik, das ist etwas anderes. Das fängt frühestens bei den Vögeln an. So unmündig bin ich nicht, daß ich nicht der deprimierenden Wahrheit ins Auge sehen könnte.

GEORG WILHELM FRIEDRICH HEGEL *Das freie Tönen der tierischen Stimme, welches den unorganischen Körpern fehlt, indem sie nur durch fremden Anstoß rauschen und klingen, ist schon ein höherer Ausdruck der beseelten Subjektivität.*

Ah! Eine Amsel! Einer der wenigen Vögel, die ich erkenne. Wie abwechslungsreich! Jeder Abschnitt ist wieder ein bißchen anders. Bisher keine einzige Wiederholung. Das sind ja regelrechte Modulationen! Tja, ist das jetzt beseelte Subjektivität? Da ist Hegel vielleicht doch ein wenig zu gönnerhaft gewesen... obwohl, mir sollte es recht sein, da komm ich doch noch zu einer theoretisch abgesicherten Vogelhochzeit. Oder hockt da nur ein organischer Körper mit tierischer Stimme im Hals? Und der Unterschied zum Steinklumpen wäre nur der, daß die Stimme bloß nach innen verlegt wurde, im Grunde wäre aus dieser Sicht der Vogel nur ein zwitscherndes Derivat des Steines, fast noch selber Stein, um so verwirrender die Beseelung und Subjektivität in diesem Zusammenhang...

THEODOR W. ADORNO *Schön gilt allen der Gesang der Vögel; kein Fühlender, in dem etwas von europäischer Tradition überlebt, der nicht vom Laut einer Amsel nach dem Regen gerührt würde.*

Abgesehen davon, daß es bis jetzt noch gar nicht geregnet hat, hier jedenfalls nicht – dieser Satz hat gleichfalls seinen Widerhaken. Wenn in mir nichts von europäischer Tradition überleben würde, könnte ich also von dieser Amsel nicht gerührt werden? Und diese Skepsis in der Formulierung: Schön gilt – das klang doch alles schon mal viel traulicher und akzeptabler, und zwar bei Kant, wenn ich mich nicht täusche, also zwei Ästhetiken vorher:

IMMANUEL KANT *Der Gesang der Vögel verkündigt Fröhlichkeit und Zufriedenheit mit seiner Existenz.*

Dazu mußte ein Kant aufstehn, um sowas Stinknormales von sich zu geben, sowas geradezu Unphilosophisches!? Nein, das rein Positive ist auch nicht das Richtige. Aber zum Glück folgt direkt danach noch ein Satz, da kommt er:

IMMANUEL KANT *Wenigstens so deuten wir die Natur aus, es mag dergleichen ihre Absicht sein oder nicht.*

Da bekommt also die Fröhlichkeit doch noch einen leichten Knacks, und das tut ihr gut. Adornos Amsel dagegen, die Amsel nach dem Regen, der ergehts wesentlich schlimmer, auch hier wird der erste Satz von einem zweiten Satz umbeleuchtet, diesmal aber grauenhaft weitgehend. Der Gesang bekommt einen Knacks, von dem er sich vielleicht nie mehr erholen wird.

THEODOR W. ADORNO *Doch lauert im Gesang der Vögel das Schreckliche, weil er kein Gesang ist, sondern dem Bann gehorcht, der sie befängt.*

Bitte nicht weiterdenken an dieser Stelle! Das ist die Entzauberung des Vogelgesangs im Industriezeitalter, schrecklich! Was bleibt jetzt noch übrig. Das sind also hier alles bloß Musikdosen, Spielwalzen, Flötenuhren. Selbst die verliebte Nachtigall singt nicht, sie tönt nur aus ihrem Bann hervor – nicht weiterdenken! Ich denke nicht, also hör ich die Vögel singen. Immerhin läßt Adorno ein Türchen offen, dies hier ist ihm zufolge kein Gesang, es gibt aber offenbar irgendwo Gesang, der es schafft, Gesang zu sein – ein Koloratursopran, die Königin der Nacht und so weiter, Dietrich Fischer-Dieskau, genau, das ist Gesang, ja! Der menschliche Sänger ist herausgetreten aus dem Bann, der die tierischen Körper noch umfängt! Der souveräne Interpret läßt aus der Mechanik das Seelische hochsteigen!

EIMERT/HUMBERT *In Wahrheit führt er, abgesehen von dem persönlichen künstlerischen Risiko, welches das Tonband nicht kennt, ein tausendfach Eingeübtes, aus ungezählten Proben Zusammengesetztes vor, als Ergebnis eines eingeölten, erstaunlich gleichförmigen Mechanismus, ja fast einer isolierten maschinellen Prozedur, die der einübenden Exaktheit etwa einer langwierigen elektronischen Synchronisation um vieles näher steht als –*

Das hab ich geahnt, das mußte kommen, wir stecken alle drin im Bann und womöglich ich auch, eingeölt, erstaunlich gleichförmig zieht der Wegwerfschreiber meine Hand hinter sich her über das Blatt, über das eben schubweise eine Art Käfer sich verschob. Vorläufiges Fazit: Das alles ist nur Lärm, teils halbwegs angenehmer Lärm, rührender Lärm, weil halt auch in mir irgendwelche Traditionen überleben, die Musik aber ist anderswo. Kammermusik will ich hören, späte Streichquartette, Beethoven, zwar hab ich keinen gescheiten Tonträger, keinen CD-Player – irgendwo muß doch Musik sein!

JOACHIM-ERNST BERENDT *Wer immer den Gesang der Vögel hört und singende Vögel beobachtet – sei es auch nur im Käfig in der Zimmerecke, überzeugender freilich an einem Frühlingsmorgen in einem Baum, an dem die ersten Blätter sprießen und auf dessen höchstem Trieb jubelnd die Amsel flötet –, der empfindet genau das, was seit je die Menschen nichtentfremdeter Kulturen –*

Zu spät, du kommst zu spät. Ich bin durch die Feuerprobe gegangen. Mir kann keiner mehr was vorträllern. Die Menschwerdung blieb bei der Maschine stehn, und die Musikwerdung kommt über Trommel und Pfeife nicht hinaus. Komme mir keiner mit dem Jubilieren zum Lobpreis Gottes. Rühmen, das ist's nicht, von Rilke war es noch nie weit zu Gärtner Pötschke, zur Singfreudigkeit unserer gefiederten Freunde, und die gehören doch wohl eher in die Hausfrauenkalender: Was blüht denn da? Schönes Wetter heute? Ich aber, ich stehe im Bann von Adorno und Hegel, das ist viel fruchtbarer auf Dauer, ich betrachte das Naturschöne auch mal von der ungemütlichen Seite her...

HEINRICH HEINE *Nimmermehr nach diesem schnöden Land, wo die Maschinen sich wie Menschen und die Menschen wie Maschinen gebehrden. Das schnurrt und schweigt so beängstigend.*

Alles überholt! Es gebärdet sich nicht der Mensch wie eine Maschine und in einem weniger schnöden Land wird er dann wieder zum Menschen. Nein, in jedem Land sind beide eins, beide repetieren und ruminieren immerfort denselben Quark, und noch der Seelengesang, der dieses Dilemma artikuliert –

ERICH FROMM *In unserer Gesellschaft tendieren die Maschinen dazu, sich wie Menschen zu verhalten und die Menschen, wie Maschinen zu gehorchen.*

Schon wieder! Die Maschine kann's nicht lassen – doch halt: auch ich wiederhole mich! Schrieb ich nicht schon mehrmals im Lauf dieses Buches, daß irgend jemand irgendwas nicht lassen könne? Dabei bin ich doch längst ganz anderswo. Ich denke an die lustvollen Aspekte solch ungemütlicher Betrachtungen, mein Lieblingsvogel: die Zwitschermaschine, ach, könnt ich nur so wie Maurice Ravel sein, der über seinen künstlichen Buchfinken sagte: »Ich höre sein Herz schlagen.« Soweit bin ich noch nicht, obwohl ich oft schon so weit war.

TIERVATER BREHM *Jede Art der Zikaden spielt ihre besondere Weise auf, und der Eindruck, den das Konzert hervorbringt, hängt von der Menge der Musikanten, der zeitweiligen Stimmung und der musikalischen Bildung des Hörers ab.*

Was da noch so alles nachkleckert, und das voraussichtlich für immer! Obwohl wir das doch alles schon hinter uns hatten! Schluß jetzt, ich gehe nach Hause. Zumal sich da ein paar Wolken vor die Sonne geschoben haben. Da wollt ich mich nun mal unter diesen Vogelbaum legen, um die Sprache der Insekten und Vögel zu entziffern, da kamen Linienmaschinen, rauschten drüber weg und wollten übertönen, wollten mitentziffert werden und wollten – aua, mich hat was gestochen. Schnell weg hier.

URANIA TIERREICH *Allerdings müssen wir beachten, daß die klimatischen Verhältnisse den Gesang bedeutend verändern können. Oft genügt schon das Aufziehn von Wolken am Himmel, um den Gesang sofort verstummen zu lassen.*

So leise auf einmal hier alles. Eine Maschine nach der anderen wird ausgestellt. Das schnurrt und schweigt so beängstigend. Schnell weg hier.

Rock & Classic intim

Lärmzauber und Trauerklage, Kriegstanz und Wiegenlied, Allegro und Andante. Sanfte Technik = zweite Geige. Hochklassik patriarchalisch: pochendes Kopfthema. Ladies second: unausweichlich lyrisches Gegenthema. Kopfsatz aus opus 130, Beethoven: Synthese zwischen schnellem Satz und langsamem Satz. So ist Klassik: Schnelles bleibt nicht an jeder Stelle schnell, Langsames nie auf Dauer langsam. Ankündigen, zögern, vertagen, beschleunigen, locken, ausweichen, Spiel der Geschlechter. Nicht nur Seele gießt sich aus. Bis ins letzte frigide Atom hinein wird alles durcherotisiert. Einsam liegt das Subjekt im Opiumrausch und Liebestraum der Symphonie fantastique – die Instrumente, männlich und weiblich, sind keine Sekunde einsam, Vorschußerfüllungen, Umcircung, Anfärbung, schmelzende Vermischung und Entmischung in triolistischen, polychromatischen Wechselgruppen, alles innerhalb subjektiver Einsamkeit.

Schon in der Anatomie der Instrumente fängt das Ineinander aller geschlechtlichen Möglichkeiten an. Animus und Anima verquirlen sich prägnant im Kontrabaß, sein Äußeres – Hüfte und Oberweite einer Wuchtbrumme; seine Stimme – das Knarren eines väterlichen Unter-Ichs. Die eigentlich männliche Trompete nimmt sich zurück, bezwungen vom Dämpfer, verschleiert sich, schmettert dann wieder aus mittelalterlicher Transvestitenpraxis hervor, siehe Holztrompete, Zink, glockig weichen Unkenton im Stierhorn. Umgekehrt, das Trumscheit, im Grunde weiblich, jedenfalls Streichinstrument, Kreuzung aus Emanze und ältester

Jungfer, Teufelsgeige seines unversöhnlichen Klanges wegen genannt: Als Signalinstrument fand das Trumscheit in der Schiffahrt Einsatz und starb in den Jahrhunderten zwischen Haydns Militärmärschen und Hans Werner Henzes Makrooper *We come to the River* aus.

Im Rock sind alle Instrumente geschlechtslos. Robots ohne Muschi & Eier. Deshalb sollte jede Gruppe *Die toten Hosen* heißen. Die drums kommen nicht von der Buschtrommel her. Die drums haben nichts am Hut mit afrikanischer Polyrhythmik. Die drums stammen vom Metronom ab.

Die E-Gitarre wurde nicht aus dem Geiste Segovias geboren. Sie kommt aus der EAM. Deshalb sollte jede Gruppe *Kraftwerk* heißen.

Solange der Stecker nicht rausgezogen wird, jaulen die E-Gitarren als anorganische Kreaturen, vom elektrischen Stuhl gefoltert. Deshalb sollte jede Gruppe *The Animals* heißen.

Das E der E-Gitarren weiß nichts vom E der E-Musik. Im Territorium der E-Musik fließen Mann und Weib ineinander, glaubwürdiger, rückhaltloser als irgendwo außerhalb; dies auch dann, wenn Publikum und Profis verklemmt in ihren Fräcken stecken und nichts davon merken, ja sogar die ungeheuren Vorgänge mit ihrer Anwesenheit, mitten im Ermöglichen, detailreich beeinträchtigen. Rock, trotz allen Zulaufs, ist mit seinem »Rhythmus« allein. Dies auch dann, wenn die Gruppe mit a priori verschwitztem Gesicht einen auf ecstasy macht, Millionen von Körpern elektrisiert, verkuppelt, um alsdann, noch durch Radio und Platte hindurch, eifrig mitzustoßen. Die sexuelle Aufmache täuscht. Nach drei Minuten weiß kein Rocktitel weiter. A und B kommen nicht zueinander. Männchen und Weibchen müssen getrennt pofen. Das Strophenschema AABABBBB läßt nichts zu, keine Durchführung, nichts. Nie kommt's innerhalb des Stücks zum Orgasmus. Statt dessen: fade out. Ätsch: Wer nicht ausflippen kann, muß ausgeblendet werden, recht so! Lokomotivische Arbeit forever. Verzögerungsfinessen à la Wiener Klassik sind unbekannt.

Dem nächsten Titel geht's um nichts besser. Er hört sich nicht viel anders an, also bringt auch er's nicht weiter. Es wird ihm zwar zugejubelt, als hätte er's geschafft. Er wird zwar angefeuert, als könnte er's schaffen. Er wird zwar auf der Hitliste ganz oben placiert – so kommt das zutiefst Höhepunktlose doch noch zu einer Art Höhepunkt. Doch das alles nutzt nix. Die schlechteste aller Unendlichkeiten, bei aller Trance der scheinbar Beteiligten, bringt's nicht mal fertig, in endlichem Rausch sich zu verlieren. Denn um den Kopf zu verlieren, muß vorher ein Kopf mitgebracht worden sein. Das WC-Sprüchlein »Hier wird gewichst, bis Blut kommt« bleibt Fernziel. Es kommt nicht mal Blut. Im E-Bereich kommt wenigstens Theaterblut. Hier wie da bleibt alles beim Als-ob. Die leichte Musik hat es schwer. Und die ernste Musik, auch schwere Musik genannt, produziert eine Leichtfüßigkeit, die nirgendwo ernst bleibt.

Eins hat er sich ins stampfende Köpfchen gesetzt: Trotz aller Wesensunterschiede macht sich Rock immer wieder an Großtante Classic ran. Was er mit sich selber nicht hinkriegt, ein vernünftiges Turnstündchen, eine wirklich weiterführende Stoßtherapie, dazu soll jetzt das ganz andere herhalten. Hardrock unternimmt regelrechte Vergewaltigungsversuche, angestiftet vom Rock-'n'-Roll-Titel damals: *Roll over, Beethoven*. Jazz – kaum rücksichtsvoller – »bearbeitet« nach wie vor mit Vorliebe Bach. Und Frau Musica ist sich nicht zu schade scheinbar, da mitzumachen, trotz der zwei-, dreihundert Jährchen, die sie auf'm Buckel hat. Den Beatles spendiert sie für *Yesterday* ein Streichquartett, wohl wissend, daß es nicht ausgenützt wird. Sogar ihren kompletten Klangkörper gibt sie immer wieder her, siehe das Royal Philharmonic Orchestra, das bei Deep Purple und Pink Floyd mitgeigte. Hierbei behält Frau Musica ihr kompliziertes Innenleben für sich. Gelangweilt hängt sie durch am fühllos weiterstoßenden Skelett. Zusatzeffekte und Vogelstimmeneinblendungen bringen ihr wenig. Immerhin gelang es dem anspruchsvollsten Art-Rock, Kulturrock, Bildungsrock, herrlich aufzusteigen in den Zuständigkeitsbereich eines Sätzchens von Günter Grass: »Manche wichsen selbst beim Vögeln.« Und prompt wittert der reine Rock Verrat an seiner Idee. Als Punk kämpft er verfrüht gegen alles an, was irgendwie nach Kultur riechen will: Roll over, Sgt. Peppers children.

Dann wieder dreht sich alles um. E-Musik erinnert sich plötzlich punktuell, daß sie sich seit jeher, um nicht zu verkalken oder abstrakt zu werden, Verjüngungsspritzen aus U-Musik zu verabfolgen pflegte. Volksmusik: immer wieder »unerschöpfliche Inspirationsquelle« für Brahms und Janáček. Jazz: brauchbares Aufputschmittel für Strawinsky und Křenek. Und schließlich die E-Gitarre: sie wurde verwendet in *Die Teufel von Loudon* von Penderecki; in *El Rey de Harlem* von Henze. Allerdings sah solche Kontaktaufnahme nie nach Kopulationsversuch aus, eher nach Einverleibung, plus weitgehender Verdauung. E-Musik befreite die E-Gitarre sehr vorübergehend von deren idée fixe, unabtrennbar von den drums zu sein.

In Beethovens später Kammermusik geht die Identifizierung mit einverleibten U-Elementen derart weit, daß hinterher gar nicht mehr gesagt werden kann, da sei etwas einverleibt worden. Körpereigen erwächst aus Beethovens raffinierter Landschaft zukünftige U-Musik, aus dem dritten Satz von opus 106 reifer Chopin, aus dem letzten Satz von 111 optimaler Jazz, dies aber so, daß das Antizipierte sogleich überboten und sodann spielerisch zurückgebettet wird in den Ablauf klassischer Musik. Im Scherzo aus Beethovens letztem Streichquartett bricht eine extrem unverdauliche Portion scheinbarer Unkunst, ohne Vorwarnung, in die kunstvolle Struktur ein, getarnt als Scherzotrio. Eingeschaltet wird ein masturbierender Roboter. Jedenfalls wird 51mal ein und dieselbe Baßfigur wiederholt. 51mal dreht sich die Kurbel, die dem unschuldigen Leiermann Schuberts entglitt, um sich selber. 51mal springen die erregten Figuren der aufgepeitschten Stelle in dieselbe Rille zurück; so wird alle Popmusik dieser Welt als ausgewalzter Plattensprung enthüllt. Mozart, Haydn, Beethoven werden fortgewischt nicht etwa von mährischem Dudelsack oder lemurischem Militärmarsch, sondern von Speed Metal Rock. Die Musik regrediert in die Zukunft hinein, kommt mit unerträglichem Zitat zurück, distanziert sich, indem es für Streichquartett arrangiert und übertrieben wird. Es wird auf das bestialische Einschiebsel zurückgeblickt nicht wie auf bevorstehendes, sondern auf längst vorhandenes, längst gewesenes Material. Die Abbreviatur der gesamten Geschichte der Rockmusik ist sofort vorüber. 51 Friktionen genügen, bis der stampfende Aufwand, genau wie der einzelne Rocktitel, keine letzte Steigerung, keinen Durchbruch, keine Ejakulation erfährt, sondern tatsächlich! unglaublich! genau wie Rock, ausgeblendet wird – um im Ausgeblendetwerden sich eines absolut anderen zu besinnen und zurückzumünden, in erneut kunstvoller Überleitung, in die Scherzoreprise aus opus 135 in F-Dur von Ludwig van Beethoven, aus dem Jahre 1826.

Doch die raffinierte Landschaft des Scherzothemas klingt jetzt, überschattet vom Exzeß, anders. Sie wird zum Echo des Leerlaufs. Das Stimmengeflecht wird müßiger Schein,

Spiel, Unterhaltung; der prophetische Leerlauf aber, dem der Höhepunkt fehlte, zeigt sich dem Rückblick als Höhepunkt und Durchbruchspassage des ganzen Scherzos, die dämliche Ekstase nicht ausschließlich als Persiflage besserer Ekstase; ihre animalische Tiefe wurde aus dem Innersten des Satzes hervorgestoßen; das scheinbare U-Zitat will ernster als jede E-Musik genommen werden. Doch der Durchbruch war auch nur ein scheinbarer. Das Streichquartett blieb ein Streichquartett, ein Repertoirestück des E-Bereichs. Es trägt weiterhin die Bezeichnung opus 135, kommt öfters im Rundfunk, verrichtete Dienste als Filmmusik bei Godard.

Bei Beethoven wird der E-Hörer, indem die Musik an das Unmündige im Erwachsenen, an den U-Hörer im E-Hörer zu appellieren scheint, auf härteste Proben gestellt. Wo ein Hörer der Großen Fuge, sei es, um nicht angeborener Emotionslosigkeit bezichtigt zu werden, sei es, um die Sache als ganzheitlicher Mensch zu erleben, passagenweise mitstampft, nötigt er die ernsteste E-Musik, sich rettungslos nach U anzuhören. Wo sich ein Hörer der Großen Fuge, aus trutzigem Vergeistigungswillen heraus, meisterhaft jedes Mitstampfen, jedenfalls nach außenhin, verbietet, wird er dem Appell des Stampfens nicht gerecht.

Der unschädliche Lärm

Lärm inspiriert Komponisten, drei Beispiele:
 1. Eine lockere Gesellschaft macht am Ufer rennend und schreiend Jagd auf Krabben – Francesco Landini machte eine polyphone Ballade draus, eine Caccia.
 2. Im Gebälk nisten und nagen Mäuse – das wurde zum Sujet altjapanischer Programmusik.
 3. Aus Rugby stammt das gleichnamige, betont regellose Kampfmatch Rugby – von Arthur Honegger stammt der symphonische Satz *Rugby*, komponiert im Jahre 1927.

Lärm als früher klanglicher Eindruck angehender moderner Komponisten: Ein Gegenbeispiel, zwei Beispiele:
 1. Adrian Leverkühn. Früher klanglicher Eindruck: unmodernerweise Musik: Volkslieder, Kanons, gesungen von einer Magd: ›Es tönen die Lieder‹ und ›O wie wohl ist mir am Abend‹.
 2. Igor Strawinsky. Früher klanglicher Eindruck: von einem taubstummen Bauern nachgeahmtes Furzen. Zitat: »Er drückte die rechte Handfläche gegen die linke Achselhöhle und bewegte den linken Arm sehr schnell auf und nieder. Dadurch brachte er unter seinem Hemd in rhythmischer Folge eine Reihe recht verdächtiger Töne hervor, die man euphemistisch als ›Schmatzen‹ bezeichnen könnte.« Nachwirkung im späteren Œuvre: überall. Beispiel: Fagott in Dumbarton Oaks, 2. Satz.
 3. Charles Ives. Sein Vater = grillenhafter Musikmensch = moderner Leopold Mozart, benutzte Abwasserrohre aus Backsteinmaterial als Schlagzeugersatz. Originelle Unter-

weisung im (nicht sehr strengen) vierstimmigen Satz: Der Vater ließ 4 Blaskapellen auf 4 verschiedenen Wegen mit 4 verschiedenen Musiken aufeinander zumarschieren, vom Kirchturm aus hörten Vater und Sohn sich das an. Nachwirkung im späteren Œuvre: überall. Beispiel: 4. Sinfonie.

1. Stufe: Lärm der Naturvölker wird zur Musik der Kulturvölker.

2. Stufe: Musik vertont Lärm. So entsteht sublimierter Lärm.

Lärmvertonung nimmt dem L. den Stachel. Diese Aussage stimmt nicht. Denn der L. außerhalb der Musik behält seinen Stachel – und der L. innerhalb der Musik ist Musik geworden. Beispiel: Mozarts Türkischer Marsch. Die Trommel wird in die linke Hand verlegt und somit unschädlich gemacht, d. h. empirische Trommeln bleiben schädlich.

3. Stufe: Irgendwann merkte man, daß der unschädlich gemachte L., der gesittete L., der entfremdete L., die auf einer chinesischen Laute zusammenzwängbare Feldschlacht unbefriedigend blieb. Einzige Lösung: unverfälschten L. hineinnehmen in die Musik, ein Türchen offenlassen für Unvertontes. So kam Schopenhauers Peitschenknall hinein in die Musik, siehe Ravel, Milhaud, Isang Yun. So kam der Hammer in Mahlers Sechste. Wie befreiend springen die 18 Ambosse aus dem Rheingoldorchester heraus! Hier horcht jeder auf. Fast reißen die 18 Ambosse, obgleich sie bei heutigen Aufführungen vom Tonband kommen, das große Orchester, das bloß Musik macht, in die allessprengenden Sekunden hinein. Wie gebietend erhebt sich Lulus solistischer Todesschrei über die Oper *Lulu* von Alban Berg. Tschaikowsky zog unvertonte Kanonen, unvertonte Glocken in seine ansonsten recht unschuldige *Ouvertüre*

Solennelle »1812«, opus 49, Napoleon und Rußland bzw. Marseillaise und Zarenhymne kämpfen überaus harmonisch miteinander, geradezu pazifistisch. Beethovens zu Lebzeiten erfolgreichstes Werk, frenetisch umjubelt, war nicht die Neunte, nicht die Fünfte, sondern: *Wellingtons Sieg* oder: *Die Schlacht von Vittoria* von 1813: Luigi Russolos futuristisches Manifest von 1913, *L'art des Bruits*, kam um exakt hundert Jahre zu spät. Beethovens Kanonen und Schüsse wurden bloß von Riesenpauken und Ratschen erzeugt, waren aber fast lauter als echte – in der Musikgeschichte des 20. Jahrhunderts begnügte man sich nicht mehr mit solchem Scheinkrieg: die Instrumente wurden immer echter, dafür die Themen harmloser, statt um Kriegslärm ging es alsbald um Arbeitslärm, siehe Rudolf Liebermann: *Sinfonie für 156 Büromaschinen*, 1963, oder: Luigi Nono: *La Fabrica Illuminata* von 1964, worin ein Stahlwerk aushaltbar wird, das Publikum jedenfalls ohne Hörschutz zuhört. Robert Musil: »In Goethes Welt ist das Klappern der Webstühle noch eine Störung gewesen, in der Zeit Ulrichs begann man das Lied der Maschinensäle, Niethämmer und Fabriksirenen schon zu entdecken.« Bei Stockhausen mildert sich dann der Arbeitslärm nochmal in Freizeitlärm, Lärm von Hobbybastlern, siehe *Herbstmusik*, Werk Nr. 40, 1974, für 4 Spieler. 1. Satz: Ein Dach wird vernagelt, mit 3 Zimmermannshämmern mindestens 54 Nägel in 5 verschiedenen Längen eingeschlagen, im 2. Satz Reisigholz zerbrochen, klanglich abgestuft, gut ausgehört, im 3. Satz Getreidegarben gedroschen, im 4. Satz mit Wannen, Schläuchen, Plastiksäcken, Laub und PVC-Kunststoffplanen musiziert. Hier wird Lärm dermaßen zu Musik, daß die B-Klarinette und die Viola, die dem herbstlichen Hämmern, Brechen, Dreschen, Platschen obligat sekundieren, zu störenden Beigaben werden, zu Verhunzern des Eigentlichen.

4. Stufe: Rückmündung der Musik in Lärm. Nicht erst Geräuschkomposition und Popmusik schlossen den Kreis.

Aspekte der Poly-Kakophonie

Zwei Aspekte des Lärms: 1. Lautstärke: 2. Ungeordnetheit.

Chaosvertonung 1737, im 1. Satz der *Les Eléments* von Jean Ferry Rebel, von heute aus gesehen zahm, für damalige Verhältnisse ungeheuerlich reinhauend und schräg. Immerhin: Zwölftonakkordik mitten im Barock, mitten in Rebels Renaissancenachklang.

Polyphonie als musikalischer Ordnungswahn in kakophonischer Welt. Polyphonie von außen gesehen: Mißachtung kakophonischer Naturrechte. Unterbutterung störender Elemente. Triebwelt der Klänge geknebelt, Klänge schreiten exklusiv gegängelt. Polyphonie von innen gesehen: glückvolle Gleichzeitigkeit des Verschiedenen, besonnene Vermittlung zwischen Sachen, die sich hart im Raume stoßen, lustvolles Schweben und Reiben, statt hartes Stoßen. Modernes Ressentiment gegen vorschnelle Harmonie und Vorherbestimmung, gegen Versöhnungsschwindel, gegen die Apotheose der Ordnung, die auf Unterordnung rausläuft. Homophon denkende Komponisten verraten die Idee der Gleichzeitigkeit, nähern sich der U-Musik, indem sie der Polyphonie ihrer Großhirnfunktionen keine produktive Entsprechung gönnen.

Charles Ives bleibt vernarrt in gleichzeitig Ablaufendes und verdirbt trotzdem der euphemistischen, weltfremden Polyphonie die scheinheilige Frisur. Er versöhnt alle Sachen, die musikalisch am Sichstoßen im Raum gehindert werden, also die Opfer polyphonen Denkens, mit ihrem zutiefst berechtigten Anspruch, ad libitum unmusikalisch im Raum sich stoßen zu dürfen. Ein Teil des Seelenschmerzes, den jede Klassik kultiviert, fußt auf ihrem unbewußten Wissen, daß außerhalb ihrer Formen und Fugen die komplette Welt unversöhnt bleibt – Charles Ives meditiert hinein in profane Blechblasmusik, ertappt sie bei ihrer Metamorphose von Militärgedröhn in Oldtimejazz, und erkennt: Die lärmende Welt will gar nicht versöhnt sein. Sie will nicht nur schöne Trompeten blasen, sie will sich ungeschminkt aussingen. So wird im Zeitalter der freien Konkurrenz die Mehrstimmigkeit von Vielsträhnigkeit kollektiv abgelöst. Aggressive Wollust contra süße und von vornherein gelöste Scheinprobleme. Der ideale Rugby-Composer Charles Ives tritt dementsprechend als komponierende Vorsortiermaschine zurück, er will nur dorthin lauschen, wohin die diversen Lärmquellen von sich aus wollen.

Der russische Karneval aus *Petruschka* schrie nach einem Ives, bei Strawinsky mußte der Karnevalslärm das altbekannte Schicksal erdulden, säuberlich auseinanderdividiert zu werden in eine hypothetische Episodenfolge, mit Übergängen, die sich grundsätzlich nie überlappen. Igor Strawinsky – bei aller Maschinenattitüde – geht mit einem menschlichen Ohr durch den Lärm, Halbschatten ausblendend, Staatsaktionen ökonomisch herauspellend; Charles Ives – trotz seines lebensfreundlichen Weltbildes – geht mit Mikrophon durch den Lärm, genauer: mit einem allseitig empfindlichen Mikrophon mit Kugelcharakteristik und bringt folglich verschwenderische Resultate heim. Bevor es Mikrophone gab, wurde von Charles Ives die antidemokratische Tendenz des Richtmikrophons wie des selektierenden Ohrs verworfen.

Leider hätte eine konsequente Huldigung der Gleichzeitigkeitsidee zum Verschwinden in außermusikalischem Chaos geführt; auch der willig lauschende Poly-Kakophoniker, um nicht zugeschüttet zu werden, muß vorsortieren, eingreifen, kom-po-nieren, Maulkörbe denen aufsetzen, denen es nicht genügt, zuzuhören, wie sich unvereinbare Klangfelder rücksichtslos ins Gehege kommen, sondern die sich gleichfalls rücksichtslos ins Gehege kommen wollen. Charles Ives fesselt seine Schichten und Stränge so, als entfessele er sie – insofern steht seine Freiheitsstatue genauso unfrei auf ihrem Sockel wie jede Freiheitsstatue, unfreier als Aleatorik und Free Jazz, die auch nicht immer so können, wie sie wollen. Wo sich ein Musikstrang abkoppelt, steht schon ein Zweitdirigent bereit. Hektor Berlioz' hypertrophstes Orchester wurde von sieben Dirigenten gegängelt.

Richard Wagners Prügelfuge rückt Polyphonie und Chaos, Mittelalter und Zukunft, Bach und Ives, so unverwandt beide bleiben wollen, zueinander. Verschiebungskomplexität stellt sich ein, vor allem, wenn Teilmassen des Apparats der dirigierenden Kontrolle fortwandern. Chaotische Aufführungen liebäugeln mit dem Inhalt der Szene und begehren wider Willen auf gegen die kompositorisch straffe Durchorganisierung des scheinbar aufmüpfigen Stoffs. Dem geborenen Komponisten erweist sich alles als komponibel. Gnadenlos wird alles durchkomponiert. Der Magnetismus des Lärms, der allen Lärmvertonern schwer zu schaffen machte, fast so schwer wie Ives, dem süchtigsten Gegner bloßen Lärmvertonens, baut auf die akustische Abhängigkeit seiner Opfer: von allen Seiten stürzen Nachbarn, Gesellen, Lehrbuben, Schneider, Spengler, Gerber, Gürtler, Lichtgießer, Weber, sensationslüsterne Insekten ins nächtliche Licht des Lärms. Große Fugen sind nicht mehr aufzuhalten, ab einem bestimmten Grad des Zustroms an fliehender Masse. Umpolung ihrer Stoßrichtung – zugeflohen wird aufs Zentrum des wachsenden Lärms, als wenn

Rettung einzig bei ihm wäre – wovor? Vor dem gleichfalls vertonbaren Schweigen der Nacht.

Das strudelnde Unwesen ertrinkt im Fliederduft des schlafenden Meistersinger-Nürnbergs, die nächtliche Blaskapelle aus *Central Park in the Dark* von Charles Ives im Dunkel der Dämmerung, im schwarzen Bettlaken fürs Gezappel knallbunten Lärms.

U-Lärm und E-Lärm

Bei Fugen, die tagsüber erklingen, kann es sich nur um Katzenfugen handeln, Große Fugen gehören in die Nacht. Wer tagsüber von A nach B flieht, kommt nicht weit. Wer durch die Nacht von A nach B flieht, kommt nicht an. Einmal ist es zu hell zum Fliehen, einmal zu dunkel. Jede Musik gönnt sich das Gefühl des Vorwärtskommens in Richtung B. Maschinen erhöhen zwar die Fluchtgeschwindigkeit fliehender Populationen. Ihr Lärm aber flieht nicht ebenso. Fliehen will gekonnt sein. Nicht an jedem Ort wohnen Entwicklungsromane. Maschinenlärm und Popmusik haften am Fleck, den sie einmal eingenommen haben. Nicht einmal ihr An- und Ausgeschaltetwerden beschert Abwechslung. Solche Fleckhafter ziehen die akustische Konsequenz aus der Identität zwischen A und B. Minimal Music schließt sich an. Pfeiftöne, die das Atemholen abstreiften, schließen sich an.

Der Unterschied zwischen Unterhaltung und Ernst wird vom relativen Musikverneiner, der in die Untertypen U-Hörer und E-Hörer zerfällt, aufrechterhalten.

POPFREAK Hört euch das an, der muß schon wieder rumtypologisieren!

U-HÖRER Ist mir jetzt schon klar, wodrauf das mal wieder rauslaufen soll.

Bildungskonsument und Popfreak schwören auf diesen Unterschied. Der U-Hörer ist nicht nur allergisch gegen jede E-Musik. Er verneint auch fast jede U-Musik, von türkischer Folklore bis zu Milli Vanilli, nur die Schlager des eigenen Walkmans nicht.

SOFT-ROCK-HÖRERIN Also, ich glaub, man müßte erstmal von vornherein unterscheiden: gesangliche Musik, also liedhafte Musik oder Orchestermusik oder Solostimmenmusik usw. Daß man da erstmal 'n bißchen unterscheidet. Denn heutzutage ist es doch oftmals so, daß Musiker einen unheimlichen Lärm veranstalten, so daß derjenige, der nichts davon versteht, das nie für Musik halten würde, sondern nur für Geräusche.

Der U-Hörer läßt sich lieber auf Lärm als auf E ein: 24 Stunden Berufslärm, HR 3 Bingo, Freizeitlärm, Nachtlärm werden lachend, lärmend, mitstampfend überstanden – aber zwei, drei Pianissimo-Stellen aus Schönbergs Streichtrio opus 45 sind absolut unerträglich.

POPFREAK Siehst du, wir kommen mal wieder genauso schlecht weg wie jederzeit.

SOFT-ROCK-HÖRERIN Wie soll's auch anders sein.

BILDUNGSKONSUMENTIN Allerdings müssen Sie zugeben, daß Sie in der Tat sofort weiterdrehn, wenn Sie am Radio mal zufällig auf Klassik stoßen.

Die Bildungshörerin, die inzwischen auf die Abgründe großer Fugen genauso wie auf Weberns Pausen schwört, ließe sich eher noch Varèse, Donatoni, Globokar gefallen, als daß sie an ihr Ohr *Animals* und ähnliche Kraftwerke heranließe.

POPFREAK Also, für mich ist das Hören von Musik ganz einfach 'ne Frage der persönlichen Wahrnehmung, wie man einen Zugang zu 'ner Musik hat. Ich beschäftige mich halt mit Popmusik im weitesten Sinne, wobei ich das auch wieder abgrenzen möchte von Schlagern und U-Musik.

Aber auch innerhalb ihrer akustischen Biotope hören die relativen Musikverneiner mit Musikverneinen nicht auf. Wer *Fleetwood Mac* mag, mag halt nicht unbedingt *AC/DC*, und wer bei Punk ausflippt, dreht bei Free Jazz durch. Und wer Monteverdi und Verdi mag, der rümpft bei Sting, bei Wolf Biermann und bei Heino die Nase.

U-HÖRER Heino okay. Aber ansonsten muß ich sagen: Moderne Musik, das seh ich größtenteils nicht als Musik an, und wenn sie von noch so berühmten Namen fabriziert wird.

Wer Schönberg und Berg hört, der schaltet bei Sibelius und Phil Glass aus. Wer das Deutschlandlied singt, hat keine Beziehung zu Evening-Ragas.

U-HÖRER Für mich ist Musik das, was ich als schön empfinde. Alles andere ist für mich keine Musik. Sei es klassische Musik, sei es U-Musik, seien es Schlager, das, was mich anspricht, was ich gern mitpfeife, ist für mich Musik. Das können natürlich klassische Themen sein, genauso wie das irgendwelche Schnulzen und Evergreens oder sonst irgendwelche musikalischen Werke sein können. Für einen normalen Menschen ist Musik das, was er mitpfeifen kann, oder lieg ich da falsch?

BILDUNGSKONSUMENTIN Es gibt Musik, die etwas dagegen zu haben scheint, daß man sie mitpfeift. Mehrere Stimmen erklingen gleichzeitig, so daß also ein gespitzter Mund gar nicht in jedem Moment wüßte, wo genau er mitpfeifen möchte. Ich spreche von Polyphonie, die man freilich im U-Sektor vergebens sucht.

Wer Duke Ellington mag, steht über Tanzmusik vor Mitternacht. Wer Mahler mag, braucht nicht unbedingt Wagner zu mögen. Beatlesfans und Stonesfans verhielten sich anfangs so unversöhnlich wie Brahmsianer und Wagnerianer. Wer schlechte Musik »nicht schlecht« findet, hat was – nicht durchaus zu Unrecht – gegen das Übel der guten Musik.

POPFREAK Zur Klassik habe ich deshalb keinen besonderen Zugang, weil ich damit irgendwas Vergangenes und Totes verbinde. Sie paßt einfach nicht in das, was um uns herum passiert. Wenn ich z. B. in der Kirche irgendwelche Arien höre, die – was weiß ich – aus dem 16. oder 17. Jahrhundert stammen und irgendwelche frommen Gedanken enthalten, da könnt ich echt dazwischenballern.

BILDUNGSKONSUMENTIN Mir ist in letzter Zeit immer wieder aufgefallen, daß Prominente aus der Unterhaltungsbranche sich ernsthaft für klassische Musik interessieren, also etwa Uta Danella oder Reich-Ranicki oder auch Kohl – daß aber umgekehrt Leute aus dem E-Sektor sich zunehmend der Pop- und Jazzwelt zuwenden, Leute wie Friedrich Gulda meinetwegen, oder auch schon von vornherein im Pop oder Jazz drin stecken, und zwar sonst so unterschiedliche Figuren wie Ernst Jandl, Peter Rühmkorf und Peter Handke – wie ist sowas zu erklären?

NADABRAHMANIN Daß manche Leute immer noch an dieser Einteilung festhalten! Die künstliche Spaltung zwischen U und E ist doch längst durchschaut worden. Zwar noch nicht von der GEMA, aber von jedem, der halbwegs HÖREN kann, durchschaut als tendenziös, als ideologisch, als faschistisch!

Hinter dem E, E wie empfindlich, verschanzen sich solche dubiosen Phänomene wie Ewigkeit und Elite. Im U, U wie unempfindlich, wird der ungebildet musizierende Untermensch diskriminiert, Pablo, der farbige Saxophonist, der der kulturkonservativen Rechthaberei des auf Zauberflöte fixierten Steppenwolfs nichts entgegenzusetzen hat als den jovialen Hinweis auf besinnungsloses Musizieren.

NADABRAHMANIN Genauso ist es – obwohl man das sicher auch einfacher ausdrücken kann.

POPFREAK Der Anspruch, etwas »Höheres« zu sein, entstammt ursprünglich dem Geltungsbedürfnis der sozial höheren Stände. Das soziale Prestige, das sich mit der Musik verband, wollten die Konsumenten auf sich übertragen wissen. Deshalb ist der ganze E-Bereich heute noch voll von hierarchischen und diktatorischen Strukturen.

PABLO Wenn ich sämtliche Werke von Bach und Haydn im Kopf habe und die gescheitesten Sachen darüber sagen kann, so ist damit noch keinem Menschen gedient. Wenn ich aber mein Blasrohr nehme und einen zügigen Shimmy spiele, so mag der Shimmy gut sein oder schlecht, er wird doch den Leuten Freude machen, er fährt ihnen in die Beine und ins Blut.

HARRY HALLER Sehr gut, Herr Pablo. Aber es gibt nicht bloß sinnliche Musik, es gibt auch geistige.

POPFREAK Diese Argumentation verläuft nach dem gleichen

Schema wie die von – nun ja, von Goebbels, der wollte auch dem deutschen Volk nur die echte Musik der großen Meister vorspielen, Wagner vor allem, und alles andere vorenthalten. Aber das ließ man sich nicht gefallen, das nicht. Unter dem Druck der Bevölkerung wurde dann abends im Radio ausschließlich Tanzmusik gebracht.

U-HÖRER Zumal gute Tanzmusik nicht schlechter sein muß als mittelmäßige oder schlechte Klassik.

NADABRAHMANIN Nichts gegen Hermann Hesse – wir haben für Hermann Hesse äußerst viel übrig, aber –

BILDUNGSKONSUMENTIN Genauso viel wie für John Coltrane, Niels Bohr und Peter Michael Hamel.

HARRY HALLER Dennoch geht es nicht an, Mozart und den neuesten Foxtrott auf eine Stufe zu stellen.

PABLO Ach, lieber Herr, mit den Stufen mögen Sie ja ganz recht haben.

Die Zauberflöte bringt es zu keiner überzeugenderen Ewigkeit als der immer zählebiger und quantitativer aufspielende U-Lärm. Die Zauberflöte hat anderes im leutseligen Sinn, als höherstehend zu sein. Sie führt vor, wie man im Zusammenspiel des Höherstehenden, also der reinrassigen Humanität Sarastros und der Unterwelt des Black-Power-Bereichs, dieser Jazzhölle des 18. Jahrhunderts, humanerweise unparteilich zu bleiben hätte. An dieser Stelle beschämt die Zauberflöte den, der auf ihr pocht. Des Steppenwolfs Intoleranz ist die Intoleranz Sarastros, Pablo erscheint als die wesentlich verbesserte Neuauflage des Monostatos. Nur indem Hesse beide umfaßt, Pablo und Haller –

NADABRAHMANIN Zum Glück sind Hesse und Haller nicht unbedingt identisch.

BILDUNGSKONSUMENTIN Gleichwohl kann es sowohl Haller wie Hesse passieren, von Adorno in der nicht eben schmeichelhaften Rubrik des emotionalen Hörers untergebracht zu werden. Der U-Musik des Saxophonisten Pablo konfrontiert Haller nämlich nicht die E-Musik des 20. Jahrhunderts, also etwa Debussys Rhapsodie für Saxophon und Orchester oder Bergs Wein-Arie, sondern ausgerechnet die Zauberflöte.

Die Synthese zwischen U und E in der Zauberflöte hat zur Folge, daß die Heiligen Hallen genauso mitgesummt werden wie die Beteuerung des Papageno, daß er der Vogelhändler ja sei: Harry Haller begeht den Fauxpas, U gegen U ins Feld zu führen.

POPFREAK Ich hab mal 'n Walt-Disney-Film gesehn, da wurde das sehr schön gezeigt, der ganze Kampf zwischen Klassik und Pop. Mickymaus trat als Freiluftdirigent auf, dirigierte irgendwas Klassisches, ich weiß natürlich nicht mehr was...
MUSIKVERNEINER Rossinis Tell-Ouvertüre.
POPFREAK *pfeift,* SOFT-ROCK-HÖRERIN *singt* Soldat Soldat in Uniform, Soldat Soldat in grauer Norm, Soldaten sind sich alle gleich, lebendig und als Leich!
POPFREAK Na, jedenfalls kam da dauernd Donald Duck dazwischen, als Eisverkäufer, mit seinem Liedchen *Turkey in the Straw*. Mickymaus dirigiert dagegen an, schlägt sich wacker, irgendwann muß sie aufgeben, *Turkey in the Straw* ist stärker, die E-Musik unterliegt.
BILDUNGSKONSUMENTIN Wobei noch die Frage ist, ob Rossini je E war.

Wo es zu einem Händeschütteln zwischen E und U kommt, sei es zwischen Haller und Pablo oder zwischen Walt Disney und Arturo Toscanini, geschieht dies systematisch zugunsten der U: noch der Handschlag zwischen Richard Wagner und Karl May, den diese beiden Ernst Bloch zu danken haben, hat was vom Clou. In Walt Disneys *Music Land*, einer Silly Symphony aus dem Todesjahr Alban Bergs, steigert sich der Händedruck zur Hochzeit: Nachdem Jazz gegen ausgerechnet Tschaikowskys opus 49 anrannte, reicht die Prinzessin der Symphony-Insel, eine personifizierte Violine, ihre Hand dem Prinzen der Jazz-Insel, einem personifizierten Saxophon; das Schloß der beiden ist vermutlich nicht weit von hier. Schließlich, in *Fantasia*, bricht die unterhaltsame Einheit, die U und E mitsammen bilden, aufschlußreich, an einer Stelle, auseinander: Kaum schaut Leopold Stokowsky einmal kurz weg, fängt das bis eben disziplinierte Orchester sofort zu jazzen an.

POPFREAK Alles klar! Rückfall in die Barbarei! Pfui Teufel!

Hier beschämt das Naive, frei nach Schiller, das Sentimentalische; ein E-Musikfetischist würde sagen: schlägt nicht etwa Künstliches in Natur, also E in U zurück, sondern polierte U in quäkende Barbarei – zur Wonne derer, denen Walt Disney Solidarität schenkt und die vorerst noch zu verklemmt oder zu unreif sind für ihrerseitiges Regredieren.

BILDUNGSKONSUMENTIN Auch Schostakowitsch zitiert in seiner 15. Sinfonie Rossinis Tell-Ouvertüre. Die liegen mir beide nicht besonders, muß ich gestehn.

SOFT-ROCK-HÖRERIN Wir brauchen nur mal nicht Alban Berg zu hören, oder wie der heißt, schon sind wir regrediert; herrliche Aussichten!

Immer wieder tut der Typus des relativen Musikverneiners kund, was er alles nicht mag. Er lastet es den Komponisten, die ihn überleben, an, daß sie von ihm nicht gemocht werden. Die Relativität solcher Geschmacksurteile überwindet der absolute Musikverneiner, indem er –

MUSIKVERNEINER Ich bin selten. Aber es gibt mich.

SOFT-ROCK-HÖRERIN Du, kennen wir den nicht?! Das ist doch der Lärmbekämpfer von vorhin! Sieht jedenfalls fast genauso aus.

BILDUNGSKONSUMENTIN Und Sie sind die Zwecklärmerin von vorhin, die Nadabrahmanin ist die Hörsüchtige von vorhin, der U-Hörer ist der Unempfindliche von vorhin, U bleibt U, da helfen keine Pillen, wir alle sind die von vorhin. Man ist halt nicht fähig, sich mal ein paar neue Figuren auszudenken.

MUSIKVERNEINER Weder für E-Lärm noch für U-Lärm hab ich groß was übrig.

BILDUNGSKONSUMENTIN Kafka zeigt in seiner unverschämt prophetischen Erzählung *Josefine, die Sängerin oder Das Volk der Mäuse,* daß der Begriff der E-Musik nicht zu halten ist, jedenfalls nicht vom Volk der Mäuse. Dieses Volk kann U und E nicht unterscheiden, es hört ein Pfeifen, ganz unabhängig davon, ob gesungen oder gepfiffen wird. So klingt auch Bach, sobald er als meditation music benutzt wird, irgendwie wie meditation music.

NADABRAHMANIN Was hat Meditation mit Unterhaltung zu tun?

BILDUNGSKONSUMENTIN Zur Strafe kürzt die Sängerin ihre Koloraturen.

Beethovens Monothematik kürzt Koloraturen hundert Jahre vor Josefine.

SCHÄFER Singe doch, liebe Nachtigall!

NACHTIGALL Ach! Die Frösche machen sich so laut, daß ich alle Lust zum Singen verliere. Hörest du sie nicht?

SCHÄFER Ich höre sie freilich. Aber nur dein Schweigen ist schuld, daß ich sie höre.

KARL KRAUS Es mag ja Leser geben, die als Schäfer auch jetzt das Bedürfnis haben, eine Nachtigall singen zu hören, welche ihrerseits wegen des Lärmes der Frösche alle Lust verloren hat. Aber der Vergleich stimmt darum nicht, weil ja das Lied der Nachtigall leider diesen Lärm zum Inhalt haben müßte und die Schäfer wohl nicht angeben könnten, wie das so einfach von ihr zu bewältigen wäre.

POPFREAK Jetzt wird sogar noch offizielle Verstärkung geholt, um uns zu diskriminieren.

Beethovens Nachtigall macht hundert Jahre vor Kraus den Froschlärm zum Thema ihrer Lieder, siehe Diabelli-Variationen, opus 120. Hier bricht nicht U aus E hervor, sondern am Anfang steht U, ein pfiffiger Walzer von Diabelli, der durch alle Register des E-Sektors aufsteigt bis in kristallinisch schimmernde, trillernde Regionen. Satire und Mystik: Satire basiert auf arroganter Distanz zum Objekt, Mystik aber will jede Distanz zum Objekt aufheben, des-

halb kommen Mystik und Satire nie gleichzeitig zum Zuge –
außer bei Kafka und in Beethovens Diabelli-Variationen, wo
Mystik und Satire sogar miteinander mystisch verschmelzen.

BILDUNGSKONSUMENTIN Es bleibt das Schicksal aller Harfenspiele, daß es die Ochsen nicht los wird, und das Schicksal aller Glasperlenspiele, daß sie vor die Säue geworfen werden und sich in den Ohren der Säue schrecklich verwandeln, Kafka illustriert das genial und parodiert zugleich die Anmaßung der Künstlerin, die –
MUSIKVERNEINER Den Unterschied, den ihr zwischen E-Lärm und U-Lärm aufbaut, finde ich – ohne deshalb Maus zu sein – minimal. Beide Lärme sind mir zu laut.
NADABRAHMANIN Was wir alles sein sollen, erst Frösche, dann Mäuse, jetzt Ochsen und Säue – das artet ja in Rassismus aus!
MUSIKVERNEINER Hier wie da bewegt sich eine Linie, hoch, runter, hoch, runter, auffallend labil, hypernervös, unentschlossen, man nennt das Melodie. U-Lärm, der klingt mir zu sehr nach Bundeswehr, nach Stechschritt.
BILDUNGSKONSUMENTIN Jeder ZDL, der Pop mag, huldigt militärischem Geist. Ich habe diesbezüglich in meiner jüngsten Publikation von freiwilliger Epilepsie gesprochen. Hospitalismus forever: immerdar schlägt der Rockfreak seine Birne rhythmisch an die Wand.
POPFREAK Alle Schweine sind gleich. Aber das klappt nicht ganz, wie wir sehen. Immer wieder wollen einige Schweine gleicher sein als andere Schweine!
NADABRAHMANIN Die Sängerin Josefine war auch nicht grade eine Nachtigall. Die war selber eine Maus.
SOFT-ROCK-HÖRERIN Froschgesänge hören sich übrigens gar nicht so übel an. Sehr beruhigend.
NADABRAHMANIN Während im Gesang der Nachtigall auch ziemlich gellende, schnarrende Laute vorkommen, alles andere als Gesang.

Weil die Individuation am Grundgesetz der Schweine sich
vergeht, muß die Kunst derer, die anders sind als andere

Schweine, zurückgeholt werden ins Kollektiv; denn ohne Stille vermag sich eine individuelle Stimme nicht abzuheben, Stille aber bleibt gebunden ans beim Zuhören kurz aussetzende kollektive Pfeifen: Gesang = Produkt des Nichtpfeifens.

U-HÖRER Der soll's mal halblang machen.

MUSIKVERNEINER Und der E-Lärm, der nervt mit unmotivierter Klangmassenentfaltung. Die Allegros sind zu laut, und die Adagios ziehen süßen Brei in die Länge, vor Trost triefend, obwohl ich gar nicht permanent getröstet werden will. Am schlimmsten ist für mich Polyphonie, da krieg ich Engegefühle, wie im überfüllten Fahrstuhl.

NADABRAHMANIN Ah, ein absoluter Fugenflüchter!

SOFT-ROCK-HÖRERIN Hier scheint mir eine schwere Störung im emotionalen Bereich vorzuliegen. Daß einer überhaupt keine Musik mag, das find ich schlimm.

Dem absoluten Musikverneiner klingt alle Musik wie Lärm. Er hört an der Musik irgend etwas, das den Musischen entgeht.

BILDUNGSKONSUMENTIN Mit ihrer Musikverneinung befinden Sie sich in prominenter Gesellschaft. Ich erinnere daran, daß es bei Goethe einen Novellenheld gibt, dem die Musik »das Verhaßteste auf Erden« ist, siehe seine *Neue Melusine*.

GOETHE Diejenigen, die Musik machen, stehen doch wenigstens in der Einbildung, untereinander einig zu sein und in Übereinstimmung zu wirken: denn wenn sie lange genug gestimmt und uns die Ohren mit allerlei Mißtönen zerrissen haben, so glauben sie steif und fest, die Sache sei nunmehr aufs Reine gebracht und ein Instrument passe genau zum andern. Der Kapellmeister selbst ist in diesem glücklichen Wahn, und nun geht es freudig los, unterdes uns andern immerfort die Ohren gellen.

SOFT-ROCK-HÖRERIN Na ja, zwischen einem Novellenhelden und seinem Dichter besteht doch wohl ein kleiner Unterschied.

BILDUNGSKONSUMENTIN Ich darf darauf verweisen, daß Goethe selbst, und zwar Eckermann gegenüber, gegen die Symphonie wetterte sowie gegen das Novum Hammerklavier, dieses beschere nur, ich zitiere: »schwer beängstigendes Gedröhn«. Und beachten Sie: Dies zu einer Zeit, als die Fünfte bloß mit den zwei von Beethoven vorgeschriebenen Hörnern gespielt wurde. Seit Karajan die Fünfte mit acht Hörnern einspielte, kann es sich kein Orchester von Rang mehr erlauben, diese Zahl zu unterschreiten, und selbst Provinzorchester nehmen mindestens vier Hörner. Das Orchester, das der Lärmfetischist Hector Berlioz 1844 zusammenstellte, also im gleichen Jahr des Grandvilleschen *Concert à la Vapeur*, ließ 24 Hörner hören, 25 Harfen, 36 Kontrabässe, insgesamt 1022 Mitwirkende.

GUINNESS-BUCH DER REKORDE Am 17. Juni 1872 dirigierte Johann Strauß' Sohn (1825-99) ein Orchester mit 987 Mitwirkenden, unterstützt von einem Chor von 20000; das Konzert fand im Rahmen des Weltfriedensjubiläums in Boston (USA) statt. Dabei gab es 400 erste Geigen.

Doch wird schon mit einem normal besetzten Wagnerorchester jeder Küchenmixer, der es bloß auf 82 dB bringt, jeder Preßlufthammer, der über 104 dB kaum hinauskommt, jede Popgruppe, die sich mit 110 dB begnügen muß, in den Schatten gestellt. Kontrabassisten, weil hinter ihnen die Pauke donnert, die hinteren Bratschenpulte, weil hinter ihnen das schwerste Blech sitzt, müssen bis zu 134 dB, also doppelte Schmerzgrenze, ertragen. Lediglich startende Flugzeuge und ankommende Granaten sind lauter.

ALMA MAHLER-WERFEL Ich glaube, das Taubwerden so vieler Musiker ist nicht nur eine Reaktion auf die physische Überanstrengung, sondern viel mehr, und vor allem, eine psychische Reaktion auf den von außen und von innen erzeugten Lärm.

MUSIKVERNEINER Sie sehen, ich reagiere bloß deshalb verneinend auf Musik, weil ich mich von ihr verneint fühle. Sie will mir einen Hörsturz unterjubeln, da spiel ich nicht mit.

NADABRAHMANIN Sie brauchen die Kiste doch bloß leiser zu drehn, wer hindert Sie?

MUSIKVERNEINER Es gibt keinen Off-Knopf mehr. Nie was von der Vertreibung der Stille gehört? Wir leben – worauf Rüdiger Liedke aufmerksam machte – unter einem kollektiven Walkman.

BILDUNGSKONSUMENTIN Wir unterliegen – worauf Günther Anders aufmerksam machte – der akustischen Unterwerfung. Er definierte Lärm als eines der Hauptinstrumente des Konformismus.

Erfreulich und erfrischend wird alles erst beim nächsten und letzten Typus, einem Hörtyp und Musiziertyp, der in den letzten Quinquennien aufkam und der endlich Schluß macht mit den Miesepetrigkeiten und dem Bildungsdünkel der relativen und absoluten Musikverneiner: der Nadabrahmane, der Weltmusiker, der Harmoniefreak, der absolute Musikbejaher, ein denkbar sympathischer Typus.

NADABRAHMANIN Das freut mich. Hoffentlich ist das nicht wieder ironisch gemeint.

Innerer und äußerer Lärm liefern diesem Typus kein Problem. Noch der bewaffnetste E-Lärm wird ihm zum Hörereignis. Nie würde es diesem Typus genügen, bloß E oder bloß U zu hören. Zwar verwandelt sich der Konzertmeister, ein pedantisch auf Werktreue bedachter Profi, der in der U-Bahn verkniffen den Kasten der ersten Geige im Schoß hält, nirgendwo in den Nachfahr des Saxophonisten Pablo, der aus jedem Instrument was rauskriegt, der mit Instrumenten, die er sich selber baut oder »in Wald und Feld« zusammensucht, stones and sticks, locker und entspannt, und der zum nächsten Meeting nicht bloß seine neuen Tablas, vielleicht sogar seine Geige mitbringt. Doch verwandelt sich – oh, wir befinden uns thematisch längst schon im nächsten Kapitel. Fast hätte ich vergessen, unter dieses hier einen Schlußstrich zu ziehen und über das nächste eine neue Überschrift zu setzen.

Meditativer Wiederholungslärm

MA PREM RAHIMA Das ist mir hier alles zu verkopft, können wir nicht mal –

FRAU DR. UMBACH-HOLLE Sie polemisieren auffallend häufig gegen Verkopfung; da frag ich mich nur, wo wollen Sie denn Ihre Kopfhörer festschnallen, wenn Sie den Kopf wegmeditiert haben? Ich kann mir nicht helfen, eine solche Weltsicht ist mir denn doch ein büßchen *zu* einfach.

MA PREM RAHIMA Die Wahrheit ist einfach, das ist nun mal so.

FRAU DR. UMBACH-HOLLE Dann müßten Jimi Hendrix und Heino wahrer sein als Henze und Nono. Da halt ich es doch, ehrlich gesagt, lieber mit Nietzsche, der das Schlichte etymologisch aus dem Schlechten herleitet.

MA PREM RAHIMA An Ihrer Aggressivität läßt sich ablesen, daß Sie ein typischer Augenmensch sind, trotz Ihrer Brille. Das Auge verschießt Pfeile nach außen, das Ohr lauscht nach innen.

JOACHIM-ERNST BERENDT Der moderne Mensch hört nicht mehr auf Gott. Der moderne Mensch hört nicht mehr.

GÜNTHER ANDERS In demjenigen Augenblick, in dem ein Individuum verurteilt ist, in einer Welt zu leben, in der es, weil ihm kein stiller Platz übrig bleibt, hören muß, bleibt ihm auch nichts anderes übrig, als dieser Welt zuzugehören, ihr gehorsam, oder gar hörig zu werden.

JOACHIM-ERNST BERENDT Das Ohr überschreitet. Es hört und es ist Ohr, weil es überschreitet.

BABSI WEICHERT Uff, die streiten sich ja genauso wild wie wir.

FRAU DR. UMBACH-HOLLE Denken heißt überschreiten, hören heißt drinbleiben!

GÜNTHER ANDERS Hören ist Mit-Hören. Wer sich, ob er will oder nicht, im Umkreis einer bestimmten akustischen Welt befindet und diese nun hört, weil sie nicht zu hören, undurchführbar ist, der ist im Ton-Netz gefangen, der gehört mit zu dieser Welt. Jawohl: mit.

MA PREM RAHIMA Der wiederholt sich.

JOACHIM-ERNST BERENDT Was immer in diesen Jahren über das Neue Bewußtsein gesagt worden ist, ist richtig und wesentlich, aber eines wurde vergessen: Der Neue Mensch wird ein hörender Mensch sein – oder er wird nicht sein. Er wird in einem Maße Klänge wahrnehmen, von dem wir uns heute noch keine Vorstellung machen können.

GÜNTHER ANDERS Daß das akustische Mittel so zuverlässig arbeitet, daß es sich als Unterwerfungsgerät so ausgezeichnet bewährt, ist für niemanden, der sich die philosophischen Elementarwahrheiten über das Hören einmal klargemacht hat, verwunderlich. *Denn die Dimension des Akustischen ist die Dimension der Unfreiheit.* Als Hörende sind wir unfrei.

JOACHIM-ERNST BERENDT Mehr als jeder andere Sinn nähert sich unser Gehör zumindest der Möglichkeit, sogar den n-dimensionalen Raum David Bohms wahrzunehmen.

UDO Der fehlt mir grad noch in meiner Sammlung, dieser n-dimensionale Raum.

GÜNTHER ANDERS Wie Kleinkinder werden wir an einer Leine gehalten, an der »*akustischen Leine*«.

FRAU DR. UMBACH-HOLLE Herrliche Kontroverse! Und ich dachte, alle wären im Grunde eins.

JOACHIM-ERNST BERENDT Daß alles eins ist, ist uraltes Wissen der Menschheit.

FRAU DR. UMBACH-HOLLE Alle, von Heraklit bis Hesse, sagen im Grunde dasselbe, Anders sagt hier aber was völlig anderes als Berendt, obwohl doch, wer dasselbe wie A sagt, auch ungefähr dasselbe wie B sagen müßte und obwohl doch auch A und B –

JOACHIM-ERNST BERENDT Gehirnwellen von Menschen (...) bewegen sich, so extrem verschieden sie zu Beginn des Vortrags gewesen sein mögen, mit bemerkenswerter Schnelligkeit auf die »Resonanz« zu. Bald schon schwingen sie zusammen.

MA PREM RAHIMA Moment! Da wurde doch was rausgeschnitten aus diesem Zitat! Das halte ich für unfair sowas!

JOACHIM-ERNST BERENDT Dutzende technischer Apparate – zum Beispiel unsere Fernseher – arbeiten nach dem »Resonanz-Prinzip«. Eben noch nicht zueinander passende Schwingungen »rasten ein« und sind mit einem Mal »synchron«.

GÜNTHER ANDERS Auf diesen Endzustand, in dem es Einzelmaschinen deshalb nicht mehr geben wird, weil diese dann alle als Maschinenteile in den Schoß der einen allein seligmachenden Maschine eingegangen sein werden, sind alle Maschinen von vornherein angelegt.

UDO Ich hab den Eindruck, die reden total aneinander vorbei.

ULRICH HOLBEIN Nicht nur die, hier, hör mal bei denen hier zu:

TIBOR KNEIF Nennenswerte polyphone Stellen sind in der Rockmusik äußerst selten –

JOACHIM-ERNST BERENDT Nicht nur Fugen. Auch New Orleans Jazz und Free Jazz sind polyphon. Guter Rock ist es auch.

UDO Hier ist ja geradezu nirgendwo ein gemeinsamer Nenner vorhanden.

BABSI WEICHERT Und da rede nochmal einer von Einswerdung.

SWAMI NIRVANO Gegensätze ziehen sich an.

ULRICH HOLBEIN So wird Donald Ducks aufmüpfiges Liedchen *Turkey in the Straw* in die weihevollen Regionen von Sarastros Weisheitstempel eingeführt – ohne Feuerprobe. So wird ein Jazzer problemlos zum kosmischen Musikphilosophen.

FRAU DR. UMBACH-HOLLE Eine Meisterleistung des Dritten Ohres – im Rock Polyphonie zu entdecken –

UDO Es wird ausdrücklich gesagt: in *gutem* Rock! Beispiele bei Polyphonie gibt es bei Gentle Giant, bei Genesis, bei wem noch! Bei Yes, ansatzweise bei Jethro Tull, das kommt aber zunehmend aus der Mode.

FRAU DR. UMBACH-HOLLE – und umgekehrt den E-Bereich vom Sockel zu holen, indem man behauptet, die Laichtänze bestimmter Fischarten seien noch dichter und komplexer als die Linien einer Fuge von Bach. Oder die Walgesänge würden nachweislich eine größere Informationsmenge enthalten als die Odyssee. U und E werden also viel leichter eins als Berendt und Anders.

ULRICH HOLBEIN Apropos Walgesänge, kennen Sie vielleicht den Film von –

MA PREM RAHIMA Ob das jetzt so wichtig ist, ausgerechnet mit Anders einzuwerden. Dafür wird der Joachim-Ernst Berendt eins mit Buddha, mit David Bohm, mit Albert Mangelsdorff, mit Ali Akbar Khan, mit Heraklit, mit Heidegger...

FRAU DR. UMBACH-HOLLE Es ist nur die Frage, ob das auch umgekehrt funktioniert, ob auch Heidegger seinerseits mit ihm einswird usw.

MA PREM RAHIMA Warum immer so giftig? Mir scheint, in Ihnen brodeln noch viele unbewältigte Affekte. Sie sind im Innern unausgeglichen, unglücklich. Sie meditieren zu wenig.

ULRICH HOLBEIN In dem Walt-Disney-Film tritt jedenfalls ein singender Pottwal in der Metropolitan Opera auf, er hat zwei Zäpfchen, eins für Obertöne und –

JOACHIM-ERNST BERENDT Meditiere zwanzig Minuten lang: HÖRST DU DAS RAUSCHEN DES FLUSSES? JA, MEISTER. DAS IST DER WEG.

UDO Ich hör nur das Rauschen der B 17.

JOACHIM-ERNST BERENDT Meditiere nur dies. Meditieren heißt: Achtgeben. Aufmerksamsein. Aufmerksamsein heißt: Nichts anders tun als: Sitzen. Atmen. Aufgerichtet sein. Im Hara sein.

UDO Im Hara sein? Wo ist denn das schon wieder?

MA PREM RAHIMA Das ist dein Bauch, deine Mitte – du sollst aus dem Bauch heraus leben.

UDO Da steck ich lieber was rein.

JOACHIM-ERNST BERENDT Zweimal zwanzig Minuten. Sagen Sie nicht: Das kann ich nicht. Tun Sie es einfach. Millionen tun es. Und weil diese Millionen es einfach tun und nicht darüber reden, ahnen die Außenstehenden nicht, daß schon Millionen meditieren.

HILDEGARD KNEF Ein Krokodil im Nil tut es, bitte frag mich nicht wie, nachts mit viel Herz, für die Pelzindustrie, von Tituan bis Luzern tut es und ich möchte sagen: gern tun sie's: Sei mal verliebt.

FRAU DR. UMBACH-HOLLE Da kommen wir der Sache doch schon näher. Die Knef und der Berendt haben offenbar keinerlei Schwierigkeiten mit der Einswerdung. Sie tun es einfach.

PETRA Neulich sah ich ein Plakat, ich hab jetzt vergessen, was da angepriesen wurde: Bier oder Zigaretten oder was, aber drunter stand: »Millionen können sich nicht irren.«

BABSI WEICHERT Ich halte das für politisch bedenklich.

UDO Neulich versuchte ich auch mal in mein Inneres zu lauschen. Kam aber nicht viel raus dabei.

HERR WENDRIGER Ich muß Leute um mich haben, Bewegung, Familie, Arbeit... Wenn ich mit mir allein bin: wenn ich mit mir allein bin, dann ist da gar keiner.

TIBOR KNEIF Vielfach dürfte Meditation der schönfärberische Ausdruck für Dösen gewesen sein.

FRAU DR. UMBACH-HOLLE Gestern schlug ich ein Buch von Paul Valéry auf und stieß auf eine interessante Meditationsdefinition: »Die Meditation ist ein einsames Laster, das in die Langeweile ein Loch bohrt, welches die Dummheit dann ausfüllt. Ich verdanke der Meditation sehr viel...« Zitatende.

MA PREM RAHIMA Sie finden immer die Stellen, die Sie finden wollen. Andere Stellen würden Sie wahrscheinlich gar nicht finden, selbst wenn Sie wollten.

JOACHIM-ERNST BERENDT Das Vehikel, das uns auf unserer Reise transportiert, ist das Ohr. Wir werden fühlen, erleben, erfahren, hören: Das Ohr ist ein Segel. Das Segel trägt weit.

ULRICH HOLBEIN Am meisten eins wird Berendt meiner Ansicht nach weniger mit Hesse und Heidegger als mit – nun werden Sie staunen: Walt Disney. Das geht bis ins Detail.

UDO Walt Disney?

ULRICH HOLBEIN Hier wie da fröhliche Wirgefühle auf allen Seiten, »Humor«, der Blick auf Millionen, saloppe Anmache, positiver Sonnenschein bei Tag und Nacht, überschwengliche Tierliebe: Diese riesigen Segelohren beim Meditieren, die stammen natürlich von Dumbo, dem fliegenden Elefanten. Und Berendts Känguruhratten, deren Rhythmus sich von den Rhythmen benachbarter Naturvölker nicht unterscheidet, die hat er von Klopfer, dem trommelnden Kaninchen aus *Bambi*. Oder die Pflanzen, die sich bei Berendt eifrig in Richtung der Boxen schlängeln, aus der ihre Lieblingsmusik tönt, am besten Bach oder Sitarimpros, die sah ich schon in Disneys Pilzballett aus *Fantasia*, da gibt es Kletterpflanzen, Seiltricks, Fiedelbogenpflanzen, ein lustiges Kuddelmuddel aus flowers and trees.

SWAMI NIRVANO Gleich und gleich gesellt sich gern.

UDO Und wir müssen schuften! Während sich Berendt und Disney amüsieren!

FRAU DR. UMBACH-HOLLE Diese Vergleiche halte ich für an den Haaren herbeigezogen. Das ist morphologisch nicht eben stringent. Das sind Spielereien, die an der Oberfläche bleiben. Wenn wir Phänomene wie Weltmusik und New Age, Probleme wie Qualitätsnivellierung und neosynthetische Laienmetaphysik wirklich theoretisch in den Griff bekommen wollen – und ich finde, das sollten wir versuchsweise anvisieren –, dann sollten wir methodologisch doch ein büßchen seriöser vorgehen, finden Sie nicht?

UDO Ich will nicht nur immer hochgeistig drumrumreden...

MA PREM RAHIMA Bei Joachim-Ernst Berendt geht es um Spiritualität, bei Walt Disney um Klamauk, das ist doch wohl ein Unterschied.

ULRICH HOLBEIN Ah, du betonst also die Differenz, statt wie ich die unaufhaltsame Einswerdung von Disney und Berendt?!

SWAMI NIRVANO Ich muß allerdings sagen, auch ich war in *Fantasia* – und wie da die Mickymaus die Kometenschwärme und Sternhaufen dirigiert, das hat mich tatsächlich an das Kapitel von Berendt erinnert: »Das Universum tanzt«, wo Mücken und sogar noch die Physikteilchen, wo alle tanzen. Oder der Film, wo Nilpferde und Krokodile ein Ballett aufführen...

ULRICH HOLBEIN Und dann war da diese höchst aufschlußreiche Stelle: Leopold Stokowsky guckt einen Moment mal woanders hin und sofort fängt das Orchester instinktiv zu jazzen an...

UDO Rückfall in die Barbarei! Die Platte kennen wir schon! Rückfall ins längst Durchgekaute. Immer diese Wiederholungen, also nein.

TIBOR KNEIF Im Rockbereich blüht das Wiederholungswesen ganz besonders.

ULRICH HOLBEIN Für Bach und Brahms beginnt Roheit dort, wo sie sich in derselben Geschwindigkeit verdauen lassen müssen wie Vetter und Deuter. Für Bhagwan und Berendt beginnt der Schlamassel dort, wo E die freie Triebregung der U unter Repressalien und Hierarchien begräbt.

FRAU DR. UMBACH-HOLLE Je mehr ich musikalisch begabt bin, desto seltener kann ich umhin, schlechte Musik nicht gut zu finden.

FRIEDRICH HÖLDERLIN Denn alles ist gut.

FRAU DR. UMBACH-HOLLE Absolute Musikbejahung, wie sie im New Age offenbar allgemeinverbindlich wird, läßt sich lediglich kraft einer gewissen Portion Unmusikalität erzielen. Ich stelle hiermit die These auf: Es gibt Musik, der das Erwachen des Dritten Ohres sogar schadet. Johannes Brahms, indem er hineingequirlt werden soll in Berendts Brahma, verliert sein Bestes, das ist es, was ich Qualitätsnivellierung nenne. Ich will mich nicht wiederholen, aber –

SWAMI NIRVANO Abendländische Arroganz und Ignoranz, das ist es doch grade, was wir überwinden müssen und wollen.

MA PREM RAHIMA Laß doch, spar dein Reden, bei der hat alles keinen Zweck.

FRAU DR. UMBACH-HOLLE Deshalb werden sich komplexe musikalische Strukturen, in ihrer Not, weniger gern an die drittklassigen Ohren der absolutistischen Bejaher wenden, sondern lieber ans absolute Gehör jener von Adorno skizzierten Experten, die unerbittlich in der Partitur die Mittelstimmen des Tristan verfolgen oder die mir nichts dir nichts imstande sind, fürs erste, im 2. Satz von Weberns Streichtrio dessen Formteile zu nennen, nach einmaligem Hören versteht sich.

SWAMI NIRVANO Rückfall ins längst schon Durchgekaute!

FRAU DR. UMBACH-HOLLE Wir sind halt alle eins. Wir sagen in bezug auf euch ab und zu dasselbe, ihr dagegen ebenso. Nur leider ist eure meditation music, mit der ihr wiederholt um euch selber kreist, oft noch simpler als Musik von Udo Jürgens und Heino.

TIBOR KNEIF Wiederholt der Musiker einen ganzen Abschnitt, so kann der Hörer darin ein Bauprinzip, eine gestalterische Absicht annehmen. Tritt die Wiederholung zum dritten- und viertenmal auf, so kann der Hörer schon den Verdacht hegen, daß ihn der Musiker für gedächtnisschwach hält. Bei noch häufigerer Wiederholung dürfen bereits Vermutungen über die Einfalt des Musikers selbst angestellt werden.

ULRICH HOLBEIN Der Abstand zwischen absolutem Gehör und idealem Ohr kann groß sein, der Abstand zwischen idealem Ohr und Drittem Ohr bleibt unüberbrückbar. Es fällt doch auf, daß das Dritte Ohr leichter erwacht als die beiden üblichen Ohren, mit denen sich Brahms begnügen mußte – was würde eigentlich Adorno zur Musikentwicklung der siebziger und achtziger Jahre gesagt haben, zur Weltmusik, Metamusik, minimal music, meditation music, zu gechannelter Musik, zu den GEMA-schröpfenden Dauertönen, zu allen diesen perpetua mobilia, all diesen meditativen Wiederholungstätern ...

UDO Mich erinnert das Dritte Ohr immer irgendwie an Kukident und sowas: Pflegen auch Sie Ihre dritten Zähne!

FRAU DR. UMBACH-HOLLE Zweifelsohne hätte Adorno dem Dritten Ohr skeptisch gegenübergestanden.

BABSI WEICHERT Für mich klingt da irgendwie das Dritte Reich an, da wurde der Anfangsbuchstabe auch besonders groß geschrieben.

SWAMI NIRVANO Was soll denn das. Das Dritte Ohr mit dem Dritten Reich zu vergleichen! Das find ich genauso katastrophal wie damals das, als der Kohl den Gorbi mit Goebbels verglich.

ULRICH HOLBEIN Nur das vierte Reich, das Reich der Stille, bleibt unerreichbar. Und das Dort ist niemals hier.

FRAU DR. UMBACH-HOLLE Jedenfalls war für Adorno jede Partitur sofort unten durch, die nicht berstend voll war von Noten und Versetzungszeichen. In minimal music und Konsorten hätte er vermutlich nur eine rationalisierte Identifikation mit gesellschaftlichem Leerlauf erblickt, anders gesagt: eine Ventilhandlung der Opfer, die genau das erzeugen und mystisch überhöhen, was ihnen sowieso angetan wird.

ULRICH HOLBEIN Wirklich anders gesagt?

FRAU DR. UMBACH-HOLLE Zumindest hätte er die Kategorie des Durchbruchs vermißt.

MA PREM RAHIMA Die minimal music braucht keinen Durchbruch. Sowas hat sie längst hinter sich. Sie will nicht kämpfen. Sie ist da viel weiter als wir.

PETER MICHAEL HAMEL Beim erstmaligen Hören klingt solche Musik »primitiv« und monoton, wenn man allerdings in sie hineinfallen kann, hat man die Möglichkeit zu tiefer Selbsterfahrung.

FRAU DR. UMBACH-HOLLE Das hätte auch Berendt gesagt haben können, wörtlich. Ich bekenne mich zu der Ansicht, daß es ein Unterschied ist, ob Leute einswerden oder ob Leute kaum auseinanderzuhalten sind.

MICHAEL GIELEN Als ich in dem Buch *Mahler* von Th. W. Adorno erstmals den Ausdruck »Durchbruch« las, war mir das neu. Bisher kannte ich nur »Höhepunkt«. Nach der Lektüre habe ich Mut gefaßt, auf solche Momente hinzudirigieren.

UDO Das muß ich übrigens bestreiten, daß es in der Rockmusik keinen Orgasmus geben soll und daß es immer nach drei Minuten schon Schluß sei. Zugegeben, rein kommerzielle Singles, die gehn im Schnitt drei Minuten, ich könnte aber Titel nennen, die bis zu 15 Minuten gehn. Und ich kenne Sachen, die sind voll drauf angelegt auf einen Höhepunkt, wo man richtig merkt, Mensch, jetzt verschnellert sich was – ich könnte hierzu was aus meinem Sexualleben berichten, ich weiß nicht, soll ich? Meine Freundin und ich haben uns ganz gern mal bestimmte Stücke dazu aufgelegt, zum Beispiel: *In the Air tonight* von Phil Collins. Natürlich mußte ich dann öfters zurückdrehn, wenn wir's nicht geschafft hatten...

JOACHIM-ERNST BERENDT Und am Ende eines Stückes wird in minimalen Fortschreitungen – in einem Kreisen, das – bewußt oder unbewußt – die Kategorie des Unendlichen assoziiert – etwas Neues, Anderes erreicht, ein anderes Ufer, eine andere Welt.

BABSI WEICHERT Ohne Durchbruch – einfach so? Ohne jede Anstrengung?

FRAU DR. UMBACH-HOLLE Was hat der nur? Der will andauernd transzendieren und überschreiten. Dem fehlt's offensichtlich an Sitzfleisch.

GEORG WILHELM FRIEDRICH HEGEL Die Unendlichkeit des

unendlichen Progresses bleibt mit dem Endlichen als solchem behaftet, ist dadurch begrenzt und selbst *endlich*.

ULRICH HOLBEIN In der gesamten Popmusik, einschließlich minimal music, finden sich deshalb keinerlei Durchbruchsmomente, weil –

MA PREM RAHIMA Der Sack hat nichts als Pauschalaussagen auf Lager.

UDO Schon widerlegt. Ich erinnere nur an den Titel von den Doors: *Break on through to the other Side!*

ULRICH HOLBEIN Hört sich brauchbar an. Wie heißt das noch mal, das muß ich mir notieren.

UDO *Break on through to the other Side!*

ULRICH HOLBEIN Na, ob sich da wirklich eine Door öffnet, bei den Doors, das möcht ich instinktiv gleich mal bestreiten. Die brechen doch alle bloß, wenn's hochkommt, aus der Gesellschaft aus, statt aus der Immanenz.

UDO Wieviel Sorten von Immanenzen gibt's denn so?

ULRICH HOLBEIN Also zuerst mal die gesellschaftliche Immanenz, dann –

UDO Reicht doch schon mal fürs erste...

JOACHIM-ERNST BERENDT Wer *Minimal Music* ohne Spiritualität spielt, macht Fingerübungen, spielt leere Musik.

GEORG WILHELM FRIEDRICH HEGEL Daß das Leere der Quell der Bewegung ist, hat nicht den geringfügigen Sinn, daß sich Etwas nur in ein Leeres hineinbewegen könne und nicht in einen schon erfüllten Raum, denn in einem solchen fände es keinen Platz mehr offen –

WOLFGANG RIHM Dadurch, daß in bierernster minimal music das Minimale nur auf die Materialebene beschränkt bleibt und dort auch stumpf beschränkt verwirklicht wird, während z.B. das Phänomen der Repetition gar nicht minimal, sondern üppig maximal verbraucht wird, herrscht einseitiger Luxus.

FRAU DR. UMBACH-HOLLE Für mich ist minimal music das Paradebeispiel für dialektischen Kokolores. Man will zu neuen Ufern, indem man auf der Stelle tritt, man macht Schrittchen mit zusammengebundenen Beinen, und immer dieselben Schrittchen.

ULRICH HOLBEIN Das kann nur einer Konzertabonnentin passieren, die gedrillt ist auf musikalische Spannungs- und Entspannungsdramaturgie! Die sich nicht loslassen kann und einfach mal nur hören. Ich will mich nicht wiederholen, aber –

FRAU DR. UMBACH-HOLLE Eine ungewollte Parodie auf die politische Devise: Zwei Schritte vor, einen zurück. Das ist die Politik der kleinsten Schritte: keinen zurück, aber vor auch keinen. Kleinste Übergänge, unter Umgehung eines Meisters kleinsten Übergangs.

BABSI WEICHERT Wenn alles eins ist, dann müßten auch Wiederholungswesen und Durchbruchswesen eins sein.

GEORG WILHELM FRIEDRICH HEGEL Es wird die Behauptung gemacht, das Endliche und Unendliche sind *eine* Einheit; diese falsche Behauptung muß durch die entgegengesetzte berichtigt werden: sie sind schlechthin verschieden und sich entgegengesetzt; diese ist wieder dahin zu berichtigen, daß sie untrennbar sind, in der einen Bestimmung die andere liegt, durch die Behauptung ihrer Einheit, und so fort ins Unendliche.

UDO Ah! Hegel als der Vater der minimal music! Jedes Tönchen berichtigt das vorige Tönchen!

FRAU DR. UMBACH-HOLLE – ohne es zu berichtigen.

BABSI WEICHERT Hört sich gut an, was der Hegel so von sich gibt. Das müßte man eigentlich zweimal hören, um es voll zu erfassen.

FRAU DR. UMBACH-HOLLE Ich will mich nicht wiederholen, aber –

ULRICH HOLBEIN Wiederholen Sie sich nur, Frau Doktor, wiederholen Sie sich nur.

SWAMI NIRVANO Es gibt keine Wiederholungen. Alles, was wiederholt wird, oder besser: alles, was wieder-ge-holt wird, ist schon ein bißchen anders.

MA PREM RAHIMA Das hast du gestern schon mal so ähnlich gesagt.

UDO Ihr wiederholt euch.

ULRICH HOLBEIN Sag das noch mal.

HERBERT GLATT Ihr wiederholt euch.

Taub

Es fällt ja auf, daß viele Musiker blind sind...

Blind für was? Wie meinst du das?

Ich denke zum Beispiel an Ray Charles. Oder an Stevie Wonder, oder Heino...

Heino ist nicht blind, sondern trägt nur 'ne schwarze Brille.

Dann halt Gary Davis, Blind Lemon Jefferson... hm, wen haben wir noch?

The Five Blind Boys.

Na, ob die wirklich alle blind sind!

Genau, da sind sicher jede Menge Simulanten dabei.

Wer blind ist, der hat beim Publikum Vorschuß. Da hört man schon aus Mitleid zu.

Ihr solltet mal den Applaus hören, der einem blinden Musiker gespendet wird, der ist noch länger und lauter, als wenn im Theater Kinder und Neger auftreten.

Der blinde Musikant ist ein Archetypus. Schon der Leiermann der Romantik hatte traditionellerweise blind zu sein.

Immer wieder trifft halt das altchinesische Sprichwort zu: »Blinde hören gut, Taube sehen gut.«

Das geht alles auf Homer zurück.

Ich kenne gar keinen Maler, der taub war.

Helen Keller, eine Schriftstellerin, die taub und gleichzeitig blind war und 88 Jahre alt wurde.

Das führt uns nur vom Thema ab.

Ich halte das für eine Attacke auf Homer, daß Ray Charles, Blind Lemon Jefferson usw. es nicht lassen konnten, blinde Sänger zu sein. Na gut, Heino konnte es lassen, wozu dann die dunkle Brille!

Das kann ja wieder mal nur einer gesagt haben.

Sie können nun mal das Polemisieren nicht lassen.

So hat jeder etwas, das er nicht lassen kann.

Homer war nur deshalb blind, weil es seinerzeit noch keine Einteilung in U- und E-Musik gab.

Was willst du damit sagen?

Gibt es denn keine blinden Komponisten im E-Bereich?

Natürlich gibt es die, z. B. Francesco Landini, na gut, das ist lange her, 14. Jahrhundert. Wenn er Organetto im Freien spielte, kamen die Vögel und sangen mit. Oder dann, im 16. Jahrhundert, Antonio de Cabezón, der war von Geburt an blind. Seitdem wüßt ich im Moment keinen, es sei denn bei den Interpreten. An der Orgel hören Sie: Helmut Walcha.

Seit dem widerruflichen Auseinanderdriften von U und E wird es für ernsthafte Repräsentanten des E-Sektors immer schwieriger, ungescheut blind zu sein.

Wieso denn das! Was faseln Sie da!

Für hochklassische Tonsetzer kommt einzig Taubheit in Frage. Homer und The Five Blind Boys gehorchen bloß dem Spruch »Blinde hören gut«. Bei Taubheit würden die blinden Sänger sofort verstummen. Beethoven aber, Smetana und Zingarelli, die drehen das alles um. »Taube sehen gut«, das heißt bei ihnen: »Taube hören gut. Ein Tauber hört besser als alle Hörenden.«

Der Lärm der Sphären

Anfangs war jede Sphärenmusik lauter als Lärm. Wer sie nicht hörte, war, laut Pythagoras, abgestumpft. Wer sie hörte, mußte sofort sterben, zumindest ertauben. Wer sie hören wollte und sogar Gehör und Leben dafür hingegeben hätte, wartete umsonst. Wer ertaubte oder wahnsinnig wurde, mochte die privaten Ohrgeräusche für objektive Spärenmusik halten. An Objektives war einfach nicht heranzukommen. Um so schöner ließ sich darüber berichten und dichten: »Und ein ebenmäßig Gedröhn entfuhr den Planeten«, laut Nonnos von Panopolis. Es gab Gelehrtenstreits, ob der Ton, den der Mond nicht hören läßt, der tiefste im System oder der höchste sei. Guillaume Dufay soll der letzten Komponist gewesen sein, der die antiken Sphären unbewaffneten und unbeeinträchtigten Ohres hören konnte. Irgendwann, vor oder nach Dufay, entstand und versteifte sich die Ansicht, daß Unhörbares schön sein müsse. So mäßigte sich das ebenmäßige, doch unmenschliche Dröhnen zu himmlischen, englischen, ätherischen, sphärischen Klängen, wodurch diese Klänge allerdings nicht hörbarer wurden. Die irdische Instrumentalevolution geigte und flötete ihnen entgegen. In der Hirtenmusik des Weihnachtsoratoriums kam es wunderschön zum Gleichgewicht zwischen menschlichem Blasen und überirdischem Streichen. Das allzu Irdische des Überirdischen warf, um zum Lohengrin-Vorspiel und über es hinaus zu gelangen, Bässe, Wärme, Süße und Kantabilität, lauter Sandsäcke des Irdischen, zunehmend ab. Es mußte aber, um es zu Dauerklängen und Klangflächen zu bringen, die Violinen sechsfach, bei Wagner, und schließlich achtzigfach, bei Ligeti, aufspalten, also den konkreten Apparat, um der Sphären willen, vergrößern.

Das Ideal aller, die von Sphärenmusik träumten, bestand im Abwerfen des Apparats: fort mit Musikern und festlegbarem Instrumentarium! Ein früher Schritt in diese Richtung war die Äolsharfe gewesen. Sie benötigte keinen geschulten Harfenisten, doch zeigte sie ihre schwache Seite bei Windstille. Sphärenmusik aber tönt ewiglich. Doch freveln selbst die pythagoräischen Sphären an der Idee apparatloser Musik. Ihr Tönen kommt nur zustande, wenn alle zehn Weltkörper, also alle fünf Wandelsterne, die beiden Erden, das Zentralfeuer, der Mond, die Sonne, perpetuierlich auf Hochtouren laufen. Die astromentale Musik, die im *Stern der Ungeborenen* von Franz Werfel hörbar wird, hält zwar noch an hundertköpfigen Orchestern fest, immerhin besitzen die Geigen und Harfen keine Saiten mehr, und die mentale Oboe, die der Oboist noch pro forma an die Lippen setzt, ist nur eine Attrappe, die Lungen und Muskeln der Musiker sind viel zu schwach zu realem Musizieren, alles angelegt auf die Entbindung inneren Hörens.

Erst in Rudolf Steiners Devachan fluten die Sphärenharmonien losgelöst von jedem physischen Orchester. Allerdings bleibt ihr Hörbarwerden erstens an einen Astralleib, der sich vom devachanischen Geflute imprägnieren läßt, gebunden und zweitens an einen schlafenden physischen Leib, am besten den Leib eines »schaffenden Tonkünstlers«, von welchem sich der Astralleib löst und in den er, wie eine Biene mit vollen Pollenhosen, in den Stock zurückkehrt, damit der erwachende, physische Leib wisse, wie er, nachdem er die geistigen in physische Klänge umgesetzt hat, zu komponieren habe. Leider ist zu befürchten, daß die Legati des Steinerdevachans sich so wenig auf dem Niveau Ligetis bewegen werden wie Steiner seinerseits, als Schriftsteller, auf der Höhe richtiger Schriftsteller. Baßlos, konturlos, monoton, pentatonisch wird das klingen, sich leider als Meditationsmusik eignen. Und doch wird jeder komponierende Erdenkloß, der sie tagsüber überbietet, nachts nach ihr sich sehnen, vielleicht nicht speziell nach ihrer Steinerschen Färbung, doch irgendwie nach ihr, nach ihrer Idee, die allerdings nicht noch baßloser und amorpher sein dürfte und die jede Nacht anders sein müßte, auf daß der Astralleib, dieser stromernde, scheffelnde Stammgast im Devachan, nicht ewig dieselben geistigen Klänge nach Hause hole, aus der Heimat des Devachans ins physische Daheim.

Der Zwischenträger, ohne den Rudolf Steiner den Verkehr zwischen dem Menschen und den geistigen Welten nicht denken kann, verdünnt sich wenigstens zu einem betont physislosen Apparat. Bei Joachim-Ernst Berendt wird der Apparat wieder handfester, es bedarf eines Geräteparks, um der Sphären teilhaft zu werden, die per Medienpaket ins Haus tönen. Das Aufnahmestudio, das am Anfang und in der Mitte war, expandiert auf den Schluß zu zum klingenden Kosmos, dem die Zukunft gehört. Noch das versprengteste Geräusch, das zu seinem Schutz sich ins Unhörbare zurückzog, wird aufgestöbert und aufgenommen. Doch der erst vollgepumpte, dann voll ausgenützte Kosmos revanchiert sich, noch im Stadium seiner größten Ausdehnung behält er den Geruch des Ur-sprungs bei, er bleibt maßstabsvergrößertes Jazzstudio. Deshalb klingen die Pulsare, die dortselbst unterhaltsam und sympathisch herumtrampen, jederzeit nach U-Lärm und Tonträgertechnik, nämlich entweder wie Bongotrommeln und Kastagnetten oder »wie die ausrutschende Nadel eines Plattenspielers«. Der Sound der Fische zitiert zielsicher Baßtrommeln, Tomtoms, Tamburins. Erdenton und Sonnenton und DNS-Molekül, hörbar gemacht, benehmen sich zwar wesentlich meditativer, behalten sich aber weiterhin ein improvisatorisches Element ansatzweise vor, verzichten zwar auf alles virtuos Sitarhafte, loben sich aber teils Tanpuramonotonie, teils plänkeln geduldige Dilettanten auf ihren Synthis.

Bei Arthur Schopenhauer erscheint die ganze Welt, jedenfalls die als Wille, als ein einziger Mißklang. Bei Karl Kraus ist die Menschheit der einzige Mißton in der ansonsten vielleicht begrüßenswerten Welt. Joachim-Ernst Berendt geht in der verruchten Affirmation noch einen Schritt weiter: die einzige Dissonanz in der Musik der Sphären ist der Lärm, Motorenlärm, hörbarer Müll, Produkt vernachlässigter Ohren. Sehr ungerecht: Alles wird eins, einzig der Lärm findet im harmonikalen Kosmos keine Integration, keinen Ort, wo er ungestört röhren dürfte, er bringt es nicht zur erlaubten Tonart, dieser Outsider, dieser akustische Irrläufer. Erst in György Ligetis Orchester wird selbst der übelste Lärm noch umarmt. Die Musik der Sphären wird als verklärter Lärm definiert. Ungeölte Planeten trudeln durch gasförmig fluoreszierende Landschaft. Dauertöne werden umgänglich, physikalische Langeweile glüht als ein Märchenozean verschieblicher Interferenzen. Moskitosirren, Gejauner der Hunde, Gefiep der Welpen, Gepfeif der Hundepfeifen, Singsang der Klimaanlagen, Getriller der Pikkoloflöten: die unerfreuliche Identität von Tieren, Maschinen und Musikinstrumenten wird gleichzeitig entlarvt und erzeugt, dann wieder verwischt. Endlich dürfen die Instrumente vergessen werden im schwirrenden Glasflächenspiel, endlich erklingt Musik – einziger Nachteil weiterhin: daß die Musik nachweislich eines empirischen Komponisten bedurfte, ferner eines Orchesterapparats samt Anhangsgebilde; daß ihr immer noch unwissende Titel wie *Melodien für Orchester* oder *Doppelkonzert für Flöte, Oboe und Orchester* anhaften, oder *Continuo für Cembalo*: hier verdünnt sich der Ozean, hier feiern entschwebender Gral und insektenhafte Repetition untertemperierte Hochzeit. Ligetis Beitrag zur Erlösung der Maschine: den Dauerschrei, den die Maschine abläßt, zu röntgen, zu sonographieren, zu bestrahlen. Allerdings auch hier: Die Maschine merkt nichts davon, die Kluft, die die Sample-Technologie zwischen Steinway-Ersatz und Steinway lassen muß, läßt sich vorerst nicht zukleistern. Nach Mahlers und Bergs Märschen läßt sich nicht vernünftig marschieren, an Ligetis glitzernden Maschinen läßt sich nicht richtig arbeiten, nur vorbeischweben, von Maschinenhalle zu Maschinenhalle, von Sphäre zu Sphäre. Ligetis Apotheose des Sphärenlärms kolorierte und pointillierte bloß Grandvilles mechanische Ballette. Die Sterne aus Klingsohrs Märchen tanzen in allerlei Verschlingungen und wunderlichen Figuren zu der Musik, die sie selber, synchron zu visuellen Vorkommnissen, hervorbringen, Ligeti übersetzte alles »unter Einbezug neuerer naturwissenschaftlicher Erkenntnisse« ins Akustische, stark verbessert, in grundlegend erweiterter Neuauflage.

KARL AMADEUS HARTMANN Man zauberte Sinfonien aus der Luft.

FRANZ KAFKA – aber aus dem leeren Raum zauberten sie die Musik hervor.

NOVALIS Zugleich ließ sich eine sanfte, aber tief bewegende Musik in der Luft hören.

Forschungen eines Hundes: Persiflage aller Euphorie über Sphärenmusik von Novalis bis Ligeti und vor allem: von Pythagoras bis Berendt. Statt Sterne – Hunde; statt Gebell – Klänge, die vom forschenden Hund abwechselnd entsetzlicher Lärm und betörende Musik genannt werden. Sieben

Hunde produzieren und befolgen »reigenmäßige Verbindungen« mittels Beinchenheben, Kopfherumwerfen, Pfotenauflegen – Übergang von romantischer Poesie in sardonische Zoologie. Der siebente Hund gebärdet sich so putzig wie der siebte Zwerg in Walt Disneys *Snow White and the Seven Dwarfs*. »Es dauerte übrigens nicht lange und sie verschwanden mit allem Lärm und allem Licht in der Finsternis, aus der sie gekommen waren.«

Auch K., der Landvermesser aus Kafkas *Schloß*, wird gewürdigt, Sphärenmusik zu erlauschen, sie haftet kurios an der Technologie der zwanziger Jahre: »Aus der Hörmuschel kam ein Summen, wie K. es sonst beim Telefonieren nie gehört hatte.« Rudolf Steiner hätte ungern zugegeben, daß die höheren Welten solcher ahrimanischen Apparatur bedürftig sein könnten, K. will bloß telefonieren und verfällt dem Gesang allerfernster Stimmen, der fließt zum Summen zusammen, nach durchaus alter Weise, zum devachanischen Chorus, zu christianisierten Sirenen, und das 1922. Das Klangkontinuum bündelt sich zu einer einzigen dominierenden Stimme, entweder monotheistisch dominierend oder technisch bedingt: Zusammenpressung des Unendlichen, das durch die enge Strippe muß. K. wird zum Mystiker, vollbürtig, zack, wird er unterbrochen, sein Astralleib flutscht zurück, der hypnotisierte Mystiker schrumpft zum telefonierenden Landvermesser. Durch zwanzig Kapitel hat er sich nun in Richtung Schloß zu strampeln, obwohl das Beste, was das Schloß zu geben hat, bereits am Anfang im zweiten Kapitel gegeben ward, im wichtigsten, innerlichsten Telefonat.

Auch Arno Schmidt, obwohl Atheist, hatte ein Ohr für überirdische, nicht weiter entzifferbare Durchsagen, nachts, wenn die andern alle schlafen müssen, stellt er sich vorm Elektrozähler auf, nüchtern, wachsam, ja – und empfängt Zählergesang, und das 1957: – »da singt es drin, ferne Stimmen, wie wenn man manchmal die Kurzwelle einstellt und Radio Surabaja wispert einem ins Geöhr; also dem mußte ich lauschen.« Süchtig geworden, stiefelt Schmidt immer wieder in den magischen Einzugsbereich hinein: »Der Lichtschalter war in Zählernähe, richtig: er sang wieder; ganz nichteuklidisch weltraumhaft, und ›Hüahüaho‹.«

Wieder anders funktioniert das Oldtime-Radio, das in Hermann Hesses Magischem Theater von Mozart persönlich in Gang gebracht wird, zum Unwillen des Steppenwolfs und Jazzbanausen Harry Haller. Der kann sich an der Musik, die über den Äther kommt, nicht freuen. Immerhin handelt es sich um Lieblingsmusik, nämlich nicht um utopische Legati und pantonale Engelszungen, für die Haller sich nicht hätte erwärmen können, sondern, zu Hallers Glück, um einen beliebten Radioprogrammpunkt, Händel, *Concerto grosso*, F-dur. Händel gelang es, mit Hilfe des Radios den Corpus des Barockorchesters abzustreifen, auf körperloser Radiowelle reitet er durch die Hallen des Äthers, also durch den Vorhof der Sphären, verhallt aber ungehört, falls er nicht irgendwo auf einen Empfänger stößt, eben das Radio, dessen teuflischer Blechtrichter dem Steppenwolf im Weg steht. Die archaische Wiedergabequalität von 1927 ermöglichte ein süperbes Gleichnis: Sowohl die Idee = Händel wie die Erscheinung = Radiosendung ahnten nichts von den Fortschritten der Radiotechnik, nichts von digitaler Rauschfreiheit, in welcher Idee und Erscheinung ununterscheidbar nebeneinander treten dürfen. Ein heutiger Haller müßte umgekehrt lamentieren: Nicht länger depravieren göttlich schreitende Bässe zu Gekrächz, sondern die Sendequalität ist dergestalt störfrei, einwandfrei, schlackenlos geworden, daß manch ein Telemann, dem eine akustische

Schmutzkruste vielleicht ganz gelegen käme, nackt dastehn muß, unätherisch, mit all den zeitbedingten Stereotypien, gnadenlos beleuchtet vom reinen Geist des Radios. So rein singt dieser Geist, als stünde nie in irgendeinem Background der metallische Erdenrest des Radios und als hinge dieses Radio nie und nimmer am Kraftwerk. So perfekt spiegelt die Apparatur perfekte Apparaturlosigkeit vor.

Sirenengesang und Sirenengejaul

Wenn du mich jetzt fragen würdest, was ich hier gerade höre, würde ich erst Wie bitte? brüllen, dann mir das Ohropax rauspuhlen und sagen: Rat mal, vom wem das ist. Es wäre natürlich Bildungsmusik, nur von wem? – Nun, ich sag's dir. Es wäre der 3. Satz der *Trois Nocturnes* von Claude Debussy, *Sirènes,* wie ich das mal gut finden konnte. Immerhin ließ Debussy den dämlichen Text weg, den Homer den Sirenen unterlegte, ich bin zu faul, ihn jetzt rauszusuchen. Doch beging Debussy den umgekehrten Fehler, er nahm die Textlosigkeit wörtlich. Schlimmer noch, er nahm die Sirenen wörtlich. Bei Homer waren es nur zwei Sirenen gewesen. Und selbst James Joyce, der sich doch Freiheiten herausnahm noch und nöcher, respektierte diese Zweizahl, seine Sirenen hießen Miss Douce und Miss Kennedy. Debussy aber erweiterte das Duo zum Frauenchor, der Frauenchor singt auf la.

Daß du das nicht mehr gut findest, wieso nicht? Ich finde das nämlich sehr schön. Wenn ich ein Mann wäre, ich glaube, ich würde glatt in Richtung Insel segeln...

Sei froh, daß wir das nur vom Band hören. Stell dir vor, wie die Kamera über den Frauenchor gleitet... die Brillen spiegeln... die Seniorinnen reißen die Münder auf... man sieht ganz verschieden geöffnete Münder... uff, ist da eine Dicke dabei...

Nein, das ist ganz anders. Der Gesang flutet heran, ohne Gesichter, windverwischt, verwunschen, entfernt sich... flutet heran, das Windverwischte wird zur Eigenart des Gesangs... bei Windstille müßte der Gesang genauso klingen... sich entfernend... heranflutend... näher... jetzt.

Du hast es gut, du kannst die Augen schließen, da fällst du natürlich auf alles rein... die Wellenbewegung ist ja auch gar zu perfekt, diese Harfenpoesie, dieses Mondlicht, hmmmm, und der Zupfbaß, ah! Und jetzt das Englischhornsolo...

Ich seh schon, du läßt dich von keiner Sirene einwickeln. Gratuliere, ein standhafter Odysseus!

Ich halte die Sirenen für unvertonbar, jedenfalls für Chor. Vielleicht ginge es für Orchester oder für Streichquartett. Wenn ich ein Komponist wäre... das würde bei mir wahrlich anders klingen als beim guten Debussy!

Wie denn so? Wahrscheinlich eher abschreckend als anlockend, stimmt's?

Ich würde mich erstmal orientieren, wie andere Komponisten an das Thema rangegangen sind; bei Glinka gibt's da was, oder bei Nadia Boulanger, oder war's Lili Boulanger? Eine davon schrieb ein ganzes Sirenenoratorium, abendfüllend, das wäre doch mal interessant, wie sich eine Komponistin die Sirenen vorstellt – oder sich als Sirene betätigt. Nein, lieber doch nicht. Die Sirenen im Konzertsaal sind ein Unding, so dubios wie der Chorus mysticus auf der Bühne als Männerchor mit Tenorsolo. Ich stelle hiermit die These auf: Alle Sirenenvertoner und Sirenenvertonerinnen machen das Publikum lächerlich, es sitzt reglos im Saal, wie im Bauch der Galeere, und muß sich als Mannschaft ohne Wachs vorkommen, als Odysseus im Plural, in voller Besetzung. Nur wird nicht mit dem Leben bezahlt, sondern Eintritt.

Aber irgendwie werden sich die historischen Sirenen angehört haben, musikalisch gesehen. Das muß sich doch rekonstruieren lassen.

Ich sehe die Sirenen als ein Symbol für Hörsucht – oder von mir aus auch für sexuelle Anziehungskraft, why not?

Du und Symbole! Nein, nein, so trocken bist du nicht, du weißt genau: Da gab es eine Musik, Klänge kamen über das Meer, auch du hättest lauschen wollen, diese Musik wäre tödlicher gewesen als jeder Lärm...

»Aber ich schnitt mit dem Schwert aus der großen Scheibe des Wachses / Kleine Kugeln, knetete sie mit nervichten Händen; / Und bald weichte das Wachs, vom starken Drucke bezwungen / Und dem Strahle des hochhinwandernden Sonnenbeherrschers.«

Warum so zugeknöpft, mein Freund? Versteck dich nicht hinter Zitaten. Du weißt genau: Es gab eine Musik... ein süß bekannter Ton... Anklang froher Zeit...

»Das Trallern ist bei mir verloren, / Es krabbelt wohl mir um die Ohren, / Allein zum Herzen dringt es nicht.«

Ich durchschaue dich, du zeigst dich nach außen hin cool, als Dickhäuter, als amusisch, weil du genau weißt, daß du dem Gesang sofort hinterherjapsen müßtest, weinen würdest du und plötzlich kraftvoll auf deine Ruderknechte eindreschen, schneller, schneller, nun macht schon! Er müßte halt nur erklingen, der Gesang... tja, singen müßte man können.

Zu spät. Seit Debussys Desaster sind die Sirenen in die Literatur übergesiedelt, dort singen sie nicht so peinlich direkt, sondern still im Gehirn des Lesers.

Das kann viel wirkungsvoller sein, kann ich mir vorstelln.

So ist es. Hier, wenn du mal meine Materialsammlung sehen willst?

Moment, ich will nur mal die Kiste ausstelln. Mir scheint, die Sirenen haben ausgesungen.

Bevor ich mich einem Thema zuwende, sammel ich immer erstmal ein paar Stichworte, ein paar passende Zitate. Interessiert dich das überhaupt?

Na, zeig mal her den Krempel, wie ich sehe, ist dir das sehr wichtig, das muß ja gedauert haben, das alles zu sammeln, erstaunlich. Trotzdem bin ich schon jetzt der Meinung, das kann uns nur im Weg stehn.

Kafkas Sirenen: die Wendungen ihrer Hälse, das tiefe Atmen, die tränenvollen Augen, der halb geöffnete Mund, das Wehen der offenen Haare im Winde, die Jugendstilpantomime des Krallenstreckens: so könnten durchaus Debussys Sirenen ausgesehen haben.

Wohl zu unterscheiden von Debussys Frauenchor.

Erst das Schweigen der Sirenen bei Kafka versetzt Debussys Sirenen den Todesstoß. Kafkas Odysseus glaubte, die offenen Münder usw. gehörten zu den Arien, die ungehört um ihn verklangen. URANIA TIERREICH: »Kaum hörbar und selten singen die Oedipodinen und Canantopinen.«

Was sind denn das für Dinger? Unterarten der Sirenen?

»Von manchen Arten kennen wir nur die Stridulationsbewegungen, ohne daß jemals Töne gehört wurden.« Du siehst, das Schweigen der Sirenen –

– ist älter als ihr Gesang, biologisch gesehen. Jemand, der Stridulationsbewegungen ausführt, was tut der? Striduliert der? Singen kann ich nicht, und in Bio war ich auch nie gut.

Debussy, Glinka, Boulanger und nicht zuletzt Homer frevlen am Schweigen der Sirenen. Rilke ahnte die Winde, die kommen, ja sogar die Winde, die ausbleiben: Kafkas Schweigen der Sirenen von 1917 fühlte er voraus in seinem Sirenengedicht von 1907 –

Ich würde das umgekehrt ausdrücken: Kafka und Rilke frevlen am Gesang der Sirenen. So oder so, du befindest dich meines Erachtens beim Zitatesuchen in folgender Gefahr:

»Lautlos kommt sie über die Matrosen, welche wissen, daß es dort auf jenen goldnen Inseln manchmal singt –, und sich blindlings in die Ruder lehnen, wie umringt von der Stille, die die ganze Weite in sich hat und an die Ohren weht, so als wäre ihre andre Seite der Gesang, dem keiner widersteht« – na, wenn das nicht Musik ist?

Bloß Musik, weiter nichts. Was ist das schon.

»Musik, die in Watte gepackt ist. So wird Unsägliches einigermaßen säglich. Seltsam: Weit und breit kein Odysseus, keine Sirenen, das dichtende Subjekt sitzt im Gehör der Mannschaft.«

Im verstopften Gehör? Oder bloß im unempfindlichen Gehör?

Das ist Interpretationssache. Hier ein Joycezitat. Bloom ist nämlich um nichts odysseushafter als die banale Mannschaft: »Horch. Bloom horchte. Richie Goulding horchte. Und an der Tür horchte der taube Pat, der kahle Pat, der trinkgeldbedachte Pat, auch.« Jetzt ein Abschnitt: »Die Harfen harften langsamer.«

Das sagt mir im Augenblick weniger, tut mir leid.

»Sirenengesang bei Homer protokolliert, von Debussy bekömmlich gemacht, von Rilke blockiert, von Kafka negiert, von Joyce optimal ins Englische übersetzt, Mikroton für Mikroton. Debussy behalf sich mit Musik, bloß mit Musik, bei Joyce wird alles Musik, Pferdetrappeln, Pötte, alles.« Und hier kommt sogar die Windverwischung, auf die du so abfährst, Achtung: »Debussy Windverwischung bei Joyce: Abruptes Umschlagen des Windes, von Sekunde zu Sekunde. Gläserne Scherben, Straßenlärm à la Dickens, umfunktionierte U-Musik à la Ives, Zitate aus Debussys Kunstgewerbe, 1 mm Mittelmeer, ¼ sec. Kornfeld oder Ägypten, Atom aus türkischem Schleier, Stichprobe Frauenschenkel –«

Ui, wie du loslegst. Joyce müßte man sein.

»Ozeangrün, Atlasbrüste, Goldhaar, hinter den Gischttröpfchen kommt kein einheitlich durchlaufender Idealgesang in Sicht. Sirenen = Bardamen, sexualisiertes Gold, sexualisierte Bronze, anorganisch gleißende Schultern –«

Das sind alles Stichworte, nichts weiter? Nichts weiter als Inventarstücke deiner »Materialsammlung«? Das nenn ich Materialfülle!

»– nüchtern in verbales Klingklang gestellt, Ormonder musique concrète, Splitterfuge, Superfuge, Meistersingerquintett; doch die Bardamen und Gäste merken nichts von der mythologischen Parallele, sie hören nichts, nur der Leser wird umgarnt. Inhalt des Gesangs bei Joyce: Fellatio-Angebot.«

Das mußt du mir beweisen. Das liegt sicher nur an der Wollschläger-Übersetzung.

»Inhalt des Gesangs bei Horkheimer/Adorno: Versprechen eines Glücks, das frei wird im mimetischen Abspülen des Individuationsschmerzes. Sirenengesang bei Dieter Wellershoff: verheißungsvolle Telefonate.«

Den Buchtip hast du von mir. Alles landet an seinem Ort.

»Sirenengesang bei Günther Anders: Kundenfang mittels kapitalistischer Werbestrategien. Sirenengesang bei Ray Bradbury:«

Wo hast du denn den aufgegabelt?

»Gesang einer schimmernd grünen Intelligenz mit Korallengehirn und Haaren, lauernd am Touristenstrand, übertönbar vom Kofferradio der Penelope.«

An sowas berauschst du dich... Welle um Welle... wer lockt hier wen? Sirenengesang bei –

»– bei Homer: Magnetismus, den die läppische Musik nicht motiviert, homophon sekundiert sie ihm. Sirenengesang bei Debussy: ein sensitiv inszeniertes Vokalkonzert. Sirenengesang bei Rilke: Rückseite der Meeresstille, minus glückliche Fahrt. Sirenengesang bei Kafka: Sendepause. Sirenengesang bei Joyce: Bandsalat, auf einen Faden gezogen. Sirenengesang bei Horkheimer/Adorno: Essenz angeblicher Vergangenheit, verlorenes Fernziel abendländischer Liederzyklen, Messen, Opern. Erkrankung aller Lieder, die süße Krankheit befähigte die gesungene E-Musik, sirenenhafter zu werden als das gesündeste Ursprungslied. Utopie ihrer Genesung: von Jahrhundert zu Jahrhundert immer aparter, die alteingesessene Mannschaft immer tauber. Mitgepfeif, wenn im 2. Programm griechische Folklore kommt. Werktätige Belegschaft, dienstfrei bei Joyce.« Na ja, und so weiter. Noch weiter?

Sie singt... und singt... und singt sich selber was vor, du Sirenus, was brauchst du eine Mannschaft, ich kann hier sitzenbleiben oder was anderes auflegen: Du genügst dir selbst! Stichwort Selbsthypnose. Sag mal, wann drehst du eigentlich mal die Platte um?

»Rückseite des Sirenengesangs bei Homer: Gebeine modernder Seefahrer, ausgetrocknete Häute. Kehrseite des Gepläkels bei Joyce: melusinischer Unterleib, vom Schanktisch verdeckt, Schmutz, leere Bierflaschen, Bierpfützen. Rückseite der bunten Plakate bei Günther Anders: Beton. Hinterseite des erotischen Gesangs christlich angehauchter Sirenen: sexuelle Ernüchterung.«

Wozu denn sowas? Da muß in der Kindheit ziemlich was schiefgelaufen sein, wenn sich ein Mann heute noch auf sexuelle Ernüchterung rauszureden versucht.

»Unausbleibliche Folge der Orchestersirenen bei Debussy: ästhetische Ernüchterung. Dickes Ende bei Horkheimer/Adorno: Verlust des mühsam erworbenen Ichs. Die Unmusikalität der rudernden Mannschaft –«

Unglaublich, diese »Materialsammlung«! Komm zu dir, Freund, laß dich nicht unterkriegen vom Geklingel deiner Beispiele! Aufwachen! Ach, ich glaub, da hilft gar nichts mehr. Ich kann mich ihm auf den Schoß setzen – ich setz mich ihm auf den Schoß! Er würde es nicht mal merken – he! Merkst du das? Wie fühlt sich das an?

Die Unmusikalität der rudernden Mannschaft hat sich auf die Interpreten der Gesamtsituation erstreckt, anders gesagt:

Guck mich doch mal an wenigstens. Wenn du mich schon nicht hörst. Mir scheint, du hast den vielen Ohropaxgebrauch derart verinnerlicht, daß du selbst dann nichts mehr hörst, wenn du das Zeug rausgenommen hast. Hier, das bin ich! Was siehst du? Bin ich schön? Guck mal, hier hab ich was.

Anders gesagt: Der Sirenengesang erschlaffte historisch zur Berieselungsindustrie, dies aber nur deshalb, weil Günther Anders zu unmusikalisch war, um im Gedudel »unserer« sirenischen Welt anderes zu hören als Gedudel. Bei Günther Anders wird der Unterschied zwischen Sirenen, Odysseus, Mannschaft und Günther Anders aufgehoben: die Gesichter der Plakate sind privat keine anderen als die Gesichter der Zielgruppen, die den Plakaten nicht ausweichen wollen. Moment, das muß ich mir aufschreiben. Endlich fallen mir allerlei gescheite Sachen ein. Das strömt nur so. Alle werden zwangsernährt, keiner hört. Kein Wachsklumpen muß hinterher rausgepopelt werden, keiner vorher reingedrückt. Odysseus hätte sich die Dienstleistungen seinen Arbeitnehmern gegenüber ersparen können. Vielleicht handelt es sich bei der ganzen Angelegenheit um eine Komposition des begnadeten Odysseus, die schwebt ihm aber erst vor, nur er kann sie hören, die ungetrübte Gestalt einer Musik, vor der der Künstler sich in Sicherheit bringt, indem er sie notiert, also trübt. Selbst noch im –

Siehst du, jetzt gibst du es zu, es kommt primär auf dich an und nur auf dich! Empirische Sirenen erübrigen sich. Und die dumpfe Mannschaft, die hockt im Orchestergraben wie im Schiffsrumpf, die Ruder wandern im Gleichtakt, wie die Bögen der Geigen, man kommt auch gut vorwärts, man kennt das Stück im Schlaf, notengetreu, und du – du dirigierst prima, gratuliere, wirklich erste Klasse, nicht mal bewegen brauchst du dich groß, das ginge auch gar nicht, mangels entsprechender Muskeln, guck mal, das hier wollen Muskeln sein? Die wollen schon, aber du gönnst ihnen nichts, du trainierst sie nicht, du stridulierst zu wenig, paß auf, daß ich dir das nicht abguck, deine Passivität, die ist erstaunlich, die Mannschaft macht das für dich, Hauptsache, du weißt Bescheid, die da aber, die sich da abstrampeln, das sind alles bloß Musiker, nicht wahr, die wissen nichts, wie könnten Musiker je erfahren, was Musik sei. Das weißt nur du. Die andern packen das nicht. Die haben ja zu musizieren, pausenlos, und deshalb keine Zeit für Musik. Guck sie dir doch an, diese Leute, wie sie auf ihren Notenständern die HNA aufstelln, also glaubst du das, die Zeitungsseiten haben genau das Format der verdeckten Notenblätter!

Stimmt genau. Woher weißt du das alles so genau? Du bist gut, du kennst dich aus. Ui, die rudern immer schneller, halt dich fest!

Und genau an der schönsten Stelle des Sirenengesangs, gleich... kommt sie... jeden Moment... jetzt... hörst du? Hörst – du – das!? Das ist sie! Horch! Das war's... ach...

Sie kommt gleich noch mal, die Stelle, leicht uminstrumentiert; statt Oboe übernimmt jetzt die Klarinette die tatsächlich einigermaßen betörende Melodie des zweiten Seitenthemas... schön... ich kenn das Stück...

Und genau an der schönsten Stelle stecken sich diese verdammten Musiker gegenseitig ihre Bleistifte in die Rollkrägen – und hören nichts und fühlen nichts! Wir weinen, siehst du, ich weine – und die da alle albern und blödeln und schrubben weiter ihre Instrumente!

Bei Joyce sieht man sogar einen Hornisten, der das Horn umdreht und im richtigen Moment Spucke rauslaufen läßt...

Was? Selbst jetzt noch denkst du an deine »Materialsammlung«!? Unschlagbar! Ich trage, wo ich gehe und stehe, stets eine Materialsammlung bei mir!

An diesem Punkt werden sogar A und B eins, Anders und Berendt! Auch bei Berendt gibt es keinen Unterschied mehr zwischen Sirenen und Ruderknechten.

Das ist ja hochinteressant. Weiter so. Du kannst einfach nicht anhalten. Wie machst du das nur? Du kannst dich nicht brahmsen, bevor du nicht dein gesamtes Material vor mir ausgeladen hast. Stimmt's?

»Der neue Odysseus braucht keine Fesseln mehr. Und seine Gefährten brauchen kein Wachs in den Ohren. Sie hören, was sie wollen, und sie rudern, wohin sie wollen.«

Das hast du sicher wieder sehr geistvoll kommentiert.

Aber wohin wollen sie? Sie wollen täglich transzendieren. Zumindest alle zwei Tage. »Einzige Schattenseite: Aids.« Ah: Liebeslied und Todesröcheln hängen also doch noch zusammen, auf meinem Weg von Sirene zu Sirene. Oh, hörst du das auch, was ist das? Da jault was.

Auf meinem Weg von Odysseus zu Odysseus.

Also von mir zu mir? Oder von Ruderknecht zu Ruderknecht?

22.05 Uhr: Eine Minute Dauerton. Bedeutung: Entwarnung. Beendigung der Gefahr nach Luft- bzw. ABC-Alarm.

So so, wir hören also, was wir wollen, und nicht etwa,

was wir müssen. Uff, ist das ausdauernd. Stell das mal aus, du kommst besser dran. Wie sich das anhört: geradezu wie die Stimme des eigenen Blutes. Hoffentlich ist das nur eine Übung, was meinst du?

Ich weiß auch nicht, hört sich ziemlich echt an.

Aber das Lied vom Abgrund unserer Seele genügt uns nicht. Die Sirenen, die in uns oder nirgends singen, genügen uns nicht. Deshalb brauchen wir auch Musik von außen. Hozan Yamamoto. Gregorianik. Mongolischen Ritualgesang. Den Obertonchor Düsseldorf unter Christian Bollmann. Musik von Delphinen. Nicht zuletzt Klassik. Bach. Wer einen Walkman hat, der höre. Und wer keinen Gerätepark hat, der lege sich einen zu. Alles dringt sofort zum Herzen, wie Traubenzucker, der sofort ins Blut geht. Hier wird ge-hört, bis der Kosmos kommt. Zum Glück der Glücklichen ein allgemeinverständlicher Kosmos. Die Insel der Sirenen steigt als Rundfunkturm, Plattenkonzern, Musik-Center, Kraftwerk aus dem Ozean der Schallwellen, aus dem Meer der Milliardenumsätze. Der Kosmos läßt uns nicht im –

22.09 Uhr: Eine Minute Heulton – zweimal unterbrochen, nach 30 Sekunden Pause – Wiederholung; Bedeutung: ABC-Alarm. Warnung vor radioaktiven, biologischen oder chemischen Gefahren.

Immer diese Penderecki-Epigonen! Penderecki hat das viel effektvoller hingekriegt, viel beängstigender, das hier, das ist ja direkt lahmarschig dagegen.

Jetzt laß doch mal den Ästheten in dir los. Hier braut sich was zusammen und wir fachsimpeln über Musik! Das sind vermutlich nicht ABC-Waffen, nicht alles auf einmal. Sondern vor allem C-Waffen, vermutlich. Denk an den Irak usw.

Hier, soll ich mal das auflegen? *Ionisation* von Edgar Varèse, 1931, was da alles mitspielt, ein chinesisches Becken, Bongos, Paradetrommel, Brummtopf, Peitsche natürlich, Gurke, übrigens mein Lieblingsinstrument, dann Ambosse, Piano und sogar – jetzt staune! – zwei Sirenen!

Du, da draußen ist was. Laß mich los, steh auf – hörst du das nicht?

Edgar Varèse machte wieder gut, was Claude Debussy eingebrockt hatte. Edgar Varèse erstattete den Sirenen ihre homerische Zweizahl zurück. Eine Sirène claire und eine Sirène crave singen im Duett, na, wie hört sich das an?

Das Sirenensignal ABC-Alarm dient im Verteidigungsfall zur Warnung vor radioaktiven, biologischen oder chemischen Gefahren. Bitte suchen Sie sofort einen Schutzraum auf, vermeiden Sie alle überflüssige –

Da haben wir den Schlamassel – wo hast du die Schlüssel?

Dieter Schnebel hat dringend empfohlen, sich zum Varèse-Hören nackt auszuziehen, diese Musik müsse mit dem ganzen Körper gehört werden, nicht nur mit dem Ohr. Das moderne Ablegen von Fesseln und Wachs genügt nicht.

Wo hast du meinen Slip versteckt?

Der neue Odysseus braucht nicht mehr listig zu sein. Nie rudert er dorthin, wohin er nicht will. Neue Ruderer werfen geschlossen ab, was keiner von ihnen je erreichen würde, was den alten Odysseus überhaupt – knapp genug – zu Odysseus machte. Damals hieß es: Einer muß Geist haben.

– bei Überfüllung aller Schutzräume einen Behelfsschutzraum aufsuchen. Als Behelfsschutzraum können auch Kellerräume gelten. Achten Sie auf Rundfunkdurchsagen, verhalten Sie sich –

Ach da ist ja der Kellerschlüssel, jetzt hör auf zu quasseln und komm!

Der alte Odysseus verweigerte das Mitrudern wie das Mitimprovisieren in der Gruppe. Er verweigerte es seinen Leuten, sich ebenfalls an Schiffsmäste binden zu lassen, um gemeinsam das Sondergastspiel zu genießen – wie hätte allerdings der letzte Matrose das bewerkstelligt, nachdem er alle Kollegen gefesselt hätte, sich selber zu fesseln? Diese Frage ging mir immer schon nach, dir auch?

Schrei nicht so, die Sirenen sind laut genug. Ja, mir auch, mir ging diese Frage auch sehr nach. Jetzt komm schon.

Nähere Auskünfte über Nahrungsmittelbevorratung und Schutzplätze erteilen die örtlich zuständigen Dienststellen des Bundesverbandes für den Selbstschutz oder die Gemeinden.

Ah! Zeitgemäßer Sirenengesang! Früher war solches Geheul bloß gesundheitsschädlich, das hier aber, das ist schlimmer! Das ist tödliche E-Musik! Vom musikalischen Material her gesehen allerdings recht simpel.

Du immer mit deinem Material.

Immerhin: Ein relativer Ernstfall, im Gegensatz zum absoluten Ernstfall in Beethovens Musik. Kennst du chinesische Lärmfolter, eingeführt und perfektioniert von Polizeiminister Ming Pi, 200 vor Christus? Der Delinquent wird zu Tode musiziert, die Exekutivkapelle wechselt stündlich. Übrigens schrieb ein gewisser Chou Wen-chung über den Sireneneinsatz bei Varèse folgendes: »Die Sirene produziert Creszendo und Decreszendi in charakteristischer Entsprechung zur Geschwindigkeit der Rotation ihres Motors –«

Kommst du jetzt mit in den Keller oder bleibst du hier? Leider haben wir nur noch eine Kugel Ohropax, das ist ein bißchen wenig für vier Ohren, und außerdem schon gebraucht.

Schon Miss Kennedy pfropfte bzw. pflöckte mit kleinen Fingern beide Ohren sich zu. Das kommt daher, daß die

Sirenen heute selber lärmanfällig geworden sind, die rudernde Mannschaft ist zu laut geworden, lauter als trojanischer Schlachtenlärm, sie bewegt sich auf der Höhe moderner Materialschlachten und –

Jetzt hör doch mal auf, deine Stichwortsammlung auszuschlachten. Wir brauchen auch mal eine Verschnaufpause, gönn das dir und mir.

Sie hat aufgehört, Handarbeit zu leisten, die Mannschaft, wie das von Homer bis Horkheimer/Adorno der Fall war. Die Kriegsflotte übertönt alle Sirenen und bleibt trotzdem ferngesteuert. Und Vater Lärm reibt sich die stählernen Hände...

22.30 Uhr: Eine Minute Dauerton; Bedeutung: Entwarnung. Beendigung der Gefahr nach Luft- bzw. ABC-Alarm.

Also, das wäre überstanden. Da sind wir noch mal davongekommen. Freu dich! Komm, jetzt freu dich doch auch mal! Du merkst nichts. Du lauschst nur deinen Stichworten, sonst juckt dich nichts. Hoffnungsloser Fall. Tschüs, ich geh jetzt essen. Bin verabredet. Wir gehn heut essen, ins *Alexis Sorbas.*

Mit wem?

Du kannst ja mitkommen. Mit dir bin ich verabredet, mit dir.

Auf einmal ist alles so lautlos hier, das ist mir suspekt. Was kann das bedeuten?

Die Sirenen wollen auch mal schweigen zur Abwechslung.

Der Probebetrieb dient der technischen Prüfung der Anlagen und der Information der Bevölkerung über die einzelnen Signale.

Lärm und Licht

Blitzlicht: fotografierte Tiefseefische tot.
Schrei des Galgenmännleins: Ausgräber tot.
Sperlingsplage im alten China: Zusammenschluß verzweifelter Dörfer – ein einziger starker Knall – es regnete tote Sperlinge.
Handgranate: Trommelfell platzt.
20 sec. in die Sonne gucken (Mißachtung des Blendreflexes): Sehkraft um 90% reduziert.
Atomblitz aus 10 km Entfernung: Auge läuft aus.
Sonnenaufgang in *Faust II:* Flammenübermaß = Augenschmerz – poetisches Verglühen an der Wahrheit. Ariel: *Trifft es euch, so seid ihr taub.* Elfen retten sich unters Laub / Schwarzalben versteinern beim Abkriegen von Licht.
Lärm = schrill, Licht = grell.
Gegenmittel: Ohropax & Sonnenbrille.
Keinem Anfang wohnt ein Zauber inne:
1. Urknall & im Raumzeitkontinuum mit Lichtgeschwindigkeit sich ausbreitende Strahlung.
2. Erster Schrei & Licht der Welt.
3. Weckerklingeln & Morgenlicht.
Feuerwerk: leuchtet & knallt.
Keine Rose ohne Stacheln, viele Stacheln ohne Rosen:
Kaum ein Leuchten ohne Knall, viel Geknalle ohne Licht.

C. Debussy: *Feux d'artifice.* Zuerst: Lichtraketen vertont, in Lautlosigkeit aufschießend. Am Schluß: Böllerschüsse schlagen im Baß durch.
Vertonte Sonnenaufgänge in *Daphnis und Chloé* und: *Eine Alpensinfonie.*

Erleuchtung und Lärm:
Maulana Dschelaleddin Rumi (1207-1273) brauchte bloß durch das Quartier der Goldschmiede zu laufen, um augenblicklich (sobald ihr Gehämmer *sein gesegnetes Ohr* erreichte) in mystische Verzückung zu fallen.
Hakuin Zenji (1686-1769): Erleuchtung beim Klang der Tempelglocke. Zen-Schüler, erleuchtungsreif – knapp dosiertes Lärmquantum, plötzlich verabreicht: Erleuchtung. Lärm als Hüter der Schwelle. Knall als Schubs ins Heiligtum. Die Kürze des Satori modelliert sich an der Kürze des Knalls.
Gopi Krishna, Weihnachten 1937: *Plötzlich fühlte ich einen Strom flüssigen Lichtes, tosend wie einen Wasserfall, durch meine Wirbelsäule in mein Gehirn eindringen.*
Ramakrishna (1836-1886) hörte während seiner Erleuchtung *das Trampeln von zehntausend Elefanten*; Lehm strahlte herrlicher als goldenes Licht.
Dilip Kumar Roy (Aurobindoschüler), 5. 5. 1972: *Ganz plötzlich gab es einen großen Aufruhr über meinem Kopf. In der Finsternis konnte ich nichts sehen, hörte aber eine Stimme deutlich sagen:* »*Direkter Schlag, direkter Schlag, direkter Schlag!*« *Doch gleichzeitig, als der Tumult sich zu regelrechtem Gebrüll steigerte, vernahm ich dreimal den Namen unseres Gottes Vishnu, des Archetyps von Krishna. Daher wartete ich ruhig und sorglos mit dem*

gesegneten Namen Gottes auf den Lippen, bis der Schlag fiel; er verursachte eine furchtbare Explosion, in der mein Körper auslöschte. Aha: Auflösung im Kosmos – nicht geräuschfrei, sondern (dem Zeitalter der Bombenmeditationen gemäß) hochdramatisch.

Alpais von Cudot (1150-1211) sah ihren abgestreiften Leib von oben – da: das Getöse einer unendlichen Menschenmenge, quirlend, fliehend, leider zur Vision gehörig: *Bei ihrem Getöse erzitterte und erschrak meine Seele, und schneller als ein Wort trat sie wieder in ihren Leib.* Kaum aber waren Seele und Gewand aufs neue eins, war nichts mehr laut. Seligkeit sowohl als Alpdruck erloschen. Der halbe Inhalt der Vision hatte die Beendigung des Ausnahmezustands, und damit das Ende der Gesamtvision, herbeigeführt. Lärm, wie Krebs, vermasselt sich das eigene Immerlauterwerden, indem er seine Bedingung abgräbt. Coinzidentia interruptus.

Metaphysik der Unterbrechung

MUSIK WIRD DURCH WORTE UNTERBROCHEN: das Lied der Erde, an welchem Gustav Mahler 1908 arbeitete, von der kräftigen Stimme eines Klavierfirmavertreters, der sich einen Weg durchs Haus gebahnt hatte, nach »Mister Mähler« verlangend, das dumpfe Stubenmädel übergehend und nun vom Gartenzaun aus in Richtung Komponierhäuschen rufend: »How do you do?« Mahler, herausgeworfen aus – laut Alma Mahler-Werfel – »konzentriertester Arbeit«, warf, wie seinerzeit Friedrich Schiller einen unangemeldeten Chirurgus, den Klavierfirmavertreter aus dem Haus, Schiller den Chirurgus sogar die Treppe runter, taumelte zurück, erlitt einen Herzkrampf, kam schluchzend zu seiner Almschili, verlangte die sofortige Entlassung des Stubenmädels, sagte, er sei durch dieses How do you do von der Spitze des Stephandomes auf das Pflaster geworfen worden.

WORTE WERDEN DURCH GESCHWÄTZ UNTERBROCHEN: der Visionär – kaum daß der Erdgeist abzog – vom fühllos hereintappenden Germanisten mit Nachtmütze und Lampe, der sorgt dafür, daß den unterbrochenen Doktor Faust die Erde jetzt schon wieder hat. Wenigstens unterbricht der unselige Famulus nicht den Ablauf der Vision, sondern bloß den Nachklang, er interrumpiert den auch ohne ihn erfolgten Sturz vom Stephansdom – obwohl er eigentlich hätte wissen müssen, wie sich das anfühlt, wurde er doch selber schon des öfteren, inmitten seiner Geistesfreuden, vom Fiedeln, Schreien, Kegelschieben unterbrochen! Ja, selbst eine Minute vorher hatte er bei der Lektüre eine wenn auch willkommene Störung zu erleiden, er hörte nebenan, durch die dicken mittelalterlichen Mauern, seinen Freund und Meister lautstark deklamieren. Ja, sogar der Erdgeist wurde bei seiner sausenden Webstuhlarbeit unterbrochen. Faust hatte an seiner Sphäre lang gesogen und schon mußte der Erdgeist hinunter in die begrenzte Stube. Ja, sogar der junge Urfaustdichter wird beim Abfassen der Erdgeistszene unterbrochen worden sein, ja, sogar ich: Ich wurde – da bin ich ja wieder! Wo war ich so lange?

Wir haben dich schon vermißt.

Ich mich nicht.

Hier war auf einmal alles unerträglich objektiv.

Ich zog mich hinter meinen weiterlaufenden Text zurück, den habt ihr jetzt schon wieder unterbrochen, warum müßt ihr mich ununterbrochen interrumpieren? Der Verfasser dieser Zeilen wurde beim Verfassen dieser Zeilen, ja beim Verfassen dieser Zeile, mehrfach unterbrochen, 1. von verbalen Lautäußerungen anderer Menschen, 2. von sogenannter Musik, 3. von –

STILLE WIRD VON MUSIK UNTERBROCHEN: das Dämmern und Brüten einer nächtlichen Grünanlage von einer vorbeimarschierenden Blaskapelle, und dies alles innerhalb einer anderen Musik, in *Central Park in the Dark* von Charles Ives, komponiert im Jahre 1906 für zwei separat zu dirigierende Orchestergruppen. Die zweite Gruppe fällt, mit impertinenter Aufgedrehtheit, in das trübe, von der ersten Gruppe in die Länge gezogene Gären und Dösen des Central Parks ein. Sie marschiert schmetternd, samt offenbar transportablem Piano, am übertönten Park vorbei, der Park brütet, als wäre nichts geschehn, weiter. Nichts geschah. Geführt vom anderen Dirigenten, oder von der anderen Hand des Dirigenten, verbleiben die ve-

getativen Streicher im eigenen – wo bist du? Du hast dich schon wieder verdrückt, bleib doch mal ein bißchen im –
Jetzt habt ihr den Essay schon wieder –
Ja, wenn du dich dauernd abseilst!
Ich seile mich nicht ab, ich bin da, auch wenn ich mal ein paar Sätze mein Ich nicht an die Rampe schubse.
Wir wollten nur anmerken: Daß der Famulus da reinplatzte –
Wir sind längst eins weiter, so paßt ihr auf!
– das saß nicht nur dramaturgisch am richtigen Fleck. Diese Störung muß auch psychisch willkommen gewesen sein. Das Klopfen und Eintreten des Famulus diente Fausts Verzweiflung über den Rückzug des Erdgeistes als Bremsklotz. Und noch willkommener war für Faust die Interruption seines Normalzustandes durch das Hereinbrechen der Erdgeistsphäre.
Ja, sogar dem Erdgeist kam es nicht ganz ungelegen, mal den sausenden Webstuhl der Zeit ein bißchen alleine sausen lassen zu können. Immer nur zerfloß der Erdgeist im Unbegrenzten, jetzt gelangte er für ein paar Momente zu Bewußtsein, weil er sich nämlich verbalisieren mußte, Worte finden für sein Sausen, Wallen, Weben und Weltumschweifen.
Ja, sogar der junge Urfaustdichter –
MUSIK WIRD VON LÄRM UNTERBROCHEN: fingerfertige Gitarrentremoli samt der zögernd einsetzenden Stimme eines verliebten Sängers, umfangen von andalusischer Nacht, an betont unerwarteter Stelle exakt in Takt 46 von einem nicht weiter definierten Lärm, Lärm, der aus der b-Moll-Färbung der Serenade herausfällt, materialfremden, mit Akzenten versehenen Fortissimo-Schlägen – Cluster waren noch unbekannt –, einem Poltern und

Schreien, dem Aufprall eines von oben oder von der Straße aus geworfenen, sehr harten Gegenstands, eventuell eines Nachttopfs: dies alles innerhalb einer Musik, innerhalb eines Prélude von Claude Debussy: *La sérénade interrompue* für Klavier, 1910, alles, alles, Gitarre, Stimme und Lärm, alles wird vom selben Klavier umfaßt und eingemeindet.

Das nenn ich Immanenz.

Spar dir solche Kommentare.

Immerhin, der Lärm besteht aus *ganz anderem* musikalischen Material als das unterbrochene Ständchen, dazu ein *ganz anderer* Rhythmus! Eine *ganz andere* Lautstärke! Ein Stück aus einer anderen Welt bricht in diesen nächtlichen Garten ein – und das bei Debussy!

Es muß ja nicht gleich Luft von anderem Planeten sein.

Wer hätte das dem hedonistischen Debussy zugetraut, solche Transzendenz!

Manuel de Falla wär das nie passiert.

Für sowas ist doch eher Gustav Mahler zuständig, oder?

Daß ein profaner Lärm sowas zustande bringt – bewundernswert!

Und wenn's wirklich ein Nachttopf war – was dann?

THEODOR W. ADORNO: Der Riß erfolgt von drüben, jenseits der eigenen Bewegung der Musik. In sie wird eingegriffen.

Der junge Mahler hatte den Eingriff höherer Macht längst komponiert, ehe allzu irdische Macht mit gutgelauntem How do you do herzkrampfauslösend in den Arbeitsbereich des späten Mahler eingriff und –

Aber Holbein, was tust du da? Wir sind doch schon längst drei Stationen weiter, da fängst du wieder mit Gustav Mahler an – statt mit *Central Park in the Dark*!

Solchem irdischen Eingriff widmete sich komponierend Debussy. Sein einmaliges Fortissimo versucht ärger reinzuhauen als ein durchschnittlicher Todesstoß. Allerdings beweist der schmachtende Sänger, gegenüber dem herzkranken Komponisten, die gesündere Konstitution. Er läßt sich nicht beirren von der Wahrheit des Lärms, die kurz die geläufige Verlogenheit seiner Musik in Frage stellte. Immerhin, ein bißchen nervös ist auch er geworden. Sein Weiterhaspeln – uff! Wie der aufdreht! Er ist ja mal wieder voll drin im Essayisieren, der läßt sich kaum noch stoppen, nur, was machen wir derweilen, nochmal zurückblättern? Oder doch am Ball bleiben, um – wurde mitkomponiert. Erst auf der einsamen Höhe seines Gesangssolos schlägt sein Herz nicht nur wieder normal, sondern sogar *librement*. Von f ausgehend, dem höchsten Ton, kreist der perfekt Schmachtende, in orientalisierenden Floskeln, abwärts. Und wird aufs neue unterbrochen. Diesmal nicht von Lärm. Diesmal behutsam. Diesmal ausdrücklich *lointain* und mehr oder weniger in D-Dur.

MUSIK WIRD VON MUSIK UNTERBROCHEN: Durch den Garten nähert sich, neckisch präludierend, nicht sehr virtuos, ein Nebenbuhler, ein Destrukteur der Serenade, aber ein Fortsetzer des Prélude, ein schlechter Süßmayr. Franz Xaver Süßmayr wartete wenigstens, bis dem Meister das Saitenspiel aus der Hand fiel, hielt sich wacker, wuchs sogar, ab Takt 9 im Lacrimosa, über sich hinaus. Hier aber, bei Debussy, lebt der Virtuose noch. Sofort schwillt dem nun schon zum zweiten Mal Unterbrochenen, diesem musicus interruptus, der Kamm. Dieses Mal ist er der Stärkere, nämlich Lautere. Er borgt sich die Attitüde des Lärms, dessen Gewalt ihm immer noch in allen Gliedern sitzt. Der Interrumpierte wird zum Interrumpator, zum Interrumpator in b. Das Konkurrenzständchen bricht ab und setzt, neckisch präludierend, nicht sehr virtuos, aufs neue an, völlig uneingeschüchtert. Jetzt kennt der zuerst Gekommene kein Pardon mehr, er interrumpiert den Schwächling aufs neue, er holt das letzte aus seiner Quasi-Guitarra raus, er singt laut; er holt aus der Klampfe, was im Grunde nur ein Klavier hergibt. Der Andalusier, der zum Absolutisten wird, hat die Geliebte absolut vergessen. Energisch und unstoppbar, nebenbei sich von der Bildfläche zurückziehend, schmachtet er den Rivalen aus dem Garten hinaus – nicht ohne die Schlußfiguren seiner triumphal ununterbrechbaren Serenade mit einem kräftigen Schlag der Genugtuung abzurunden. Im Vollgefühl, ausnahmslos jede Störung besiegt zu haben, sinkt er lautlos in die knisterfreie Pause zwischen Prélude und Prélude – in jene Pause, in der die Seite des Bilderbuchs umgewendet wird zu *La Cathédrale engloutie*. Daß im übrigen der böse Lärm sich innerhalb des Stücks nicht wiederholte, spricht für ihn. Der Ruf von drüben steigt nicht zweimal in denselben Garten – sehr im Gegensatz zu den Phrasenwiederholungen, die bei Debussy insgesamt sehr häufig sind und mit denen Debussy die Idee der Einmaligkeit, seinen eigenen Impressionismus, wider Willen sabotiert.

Buh! Bravo! Na, wie findest du das?
Daß wir dich zur Abwechslung mal nicht unterbrochen haben?
Hättet mich ruhig unterbrechen können, ausnahmsweise hätte ich nichts dagegen gehabt. Zumal ich mich von Zeit zu Zeit zu der Ansicht durchringe, daß irgendein in der Zeit Vorwärtslaufendes, das nicht unterbrochen wird, sich ziemlich bald, und sei es auch nur... wie soll ich

sagen – Immer wieder überflügelt das Unterbrechende das Unterbrochene!

Um nochmal auf *Central Park in the Dark* zurückzukommen: Da war es doch so: Ein schmissiges geniales How do you do unterbrach mit Pauken und Trompeten ein ziemlich langweiliges, jedenfalls nicht äußerst relevantes Lied der Erde, das mußt du zugeben.

Daß Komponist und Klavierfirmavertreter unter einer Decke stecken, Schiller und Chirurgus ebenso, und Faust, Erdgeist und Famulus unter fast derselben Decke:

Ah! Eine Synthese! Lied der Erde, Erdgeist et cetera: Alles für Klavier solo! Alles für die Katz!

Das läßt sich an der Instrumentation von *Central Park in the Dark* genau ablesen: Klavier und Holzbläser, diese ausschlaggebenden Akteure der Blaskapelle, sind, bevor noch der bizarre Umzug in Hörweite kommt, längst im Strom des Central Park zugegen und zugange, nicht als Spione, nein, als Stimmungsträger mitdösend, mitgärend im ununterbrochenen Brei.

NICHT UNTERBROCHENES UNTERBRICHT SICH SELBST: Debussys Gitarrist, längst bevor er von Lärm und Konkurrenz unterbrochen wurde, schon nach zwei Takten sich selbst, für zwei Takte.

Aha, der Kloß im Hals konkurriert also mit dem äußeren Störfaktor!

In *Le grand macabre* von György Ligeti interrumpiert ein Tenor seinen eigenen Part mit Hicksern, die Bestandteil seines Parts – falls nicht von außen der Komponist den Schluckauf über seine Kreatur verhängte.

Sobald ein Ständchen das Glück hat, nicht *Das unterbrochene Ständchen* heißen zu müssen, winkt ihm der Titel: *Das stockende Ständchen*.

Logischerweise müßten wir, damit hier nichts ins Stokken kommt –
Ungestörtes degeneriert!
Tristram Shandy hätte seiner Mutter dankbar sein müssen, zutiefst dankbar, daß sie ihren Mann beim Tristram-Shandy-Zeugen mit der Frage, ob er nicht die Uhr, die offenbar sich beim Weitergehn selbst unterbrochen hatte, aufzuziehen vergessen habe, dieser Frage, über deren Dämlichkeit Tristram Shandy sich am Beginn von *Tristram Shandy* beklagt, und zwar zu Unrecht beklagt – ich bitte wieder ansetzen zu dürfen... Moment, wie ging das jetzt weiter? Will mir keiner dazwischen quasseln? Freunde, wo seid ihr? Ihr wart doch eben noch da, oder wie seh ich das? Ist denn keiner da, der mich mal kurz stören könnte? Da, wenigstens ein Spiegel: Ich hoffe nicht zu stören... guck nicht so ungestört! Ich bitte höflichst um einen kleinen Einwurf. Sonst springt bei mir keine Mutation hervor, keine Knospe, ich versinke im eigenen Brei, und das hört sich dann so an: UNUNTERBROCHENES SEHNT SICH NACH UNTERBRECHUNG. Oder so:
– ebenso beim späten Beethoven beobachten läßt. Wo später Beethoven stockt, wo logischer Fluß abbricht, was übrigens nur an ganz wenigen, weit verstreuten, prominenten Stellen in opus 127, 130 und anderswo geschieht, derweilen es bei Laurence Sterne, pro Minute, auf Schritt und Tritt geschieht – wo also später Beethoven stockt, geben sich die unterbrochenen Passagen den Anschein, als sei nicht etwa subjektive Preßluft, durch den Riß eines Behälters, ausgetreten; sondern als sei objektiv von außen ein akustischer Meteorit, kosmische Preßluft, Lärm von anderem Planeten eingeschlagen in ungestörte Formenwelt. Dann allerdings sei der Lärm, jenseits jeden Vertontwerdens, sofort verpufft und nur ein schwarzes

Loch, mit oder ohne Fermate, eingebettet zwischen Unterbrochenes und fremd Einsetzendes, sei zurückgeblieben, als Negativ-Scharnier, ein Loch, kaum verwandt mit arglosen Vorgängern, mit plötzlichen Pausen in Fantasien und Bachfugen, siehe die Fuge in a-Moll aus dem ersten Band des Wohltemper – ein Loch, eine Bruchstelle, die quer steht zu den natürlichen Unterbrechungen beim Einüben eines neuen Stücks, quer zum Luftholen, quer zu den Lagenwechseln der Musiker; quer zu den Musikern, die es sich nicht erlauben dürfen, technische Schwierigkeiten, sobald Geist spricht, anzumelden oder sich gar auf den Besitz normal langer Finger zu berufen: Beethovens eigene Finger waren zu kurz für die Dezimen seines *Adagio sostenuto* aus opus 106, blablabla – jetzt sagt schon, wo ihr seid. Gebt zu, ihr hattet genug von mir und meiner Methode, abgeseilt habt ihr euch, nein, wie kommst du drauf, wieso sollten wir uns abgeseilt haben, wir sind weiterhin voll dabei, wir haben nur die Flöten abgesetzt, und du bläst halt noch weiter in deine ungestörte Trompete, genau wie in *The Unanswered Question* von Charles Ives, komponiert im Jahre 1906, du schwebst über die cosmic landscape, metaphysikalisch rumtrompetend über dem dösenden, brütenden Chorus der Druiden, wir haben dich ein bissele umzwitschert, du gehst unwandelbar deinen todernsten Weg, wir haben die Flöten inzwischen längst eingepackt – nein, das stammt nicht von euch, das sagt ihr nicht, ich mach mir was vor, ich störe mich entgegenkommenderweise selber und lande immer wieder beim Thema, wo sonst, Vorsicht vor Themaverfehlungen. Wer nicht unterbrochen wird, schweift ab. Wem Abschweifungen nicht genügen, schweift aus.

TRISTRAM SHANDY: Digressionen sind unbestreitbar der Sonnenschein, sie sind das Leben, die Seele der Lektüre.

Nehmen Sie sie z. B. aus diesem Buche heraus, so können Sie –

ARTHUR SCHOPENHAUER: Teils nämlich dringen äußere Sinneseindrücke störend und unterbrechend auf dasselbe ein, ihm jeden Augenblick das Fremdartigste aufzwingend, teils zieht am Band der Assoziation ein Gedanke den anderen herbei und wird nun selbst von ihm verdrängt, teils endlich ist auch der Intellekt selbst nicht einmal fähig, sich sehr lange und anhaltend auf *einen* Gedanken zu heften, sondern –

GERHARD RÜHM: schweife wieder ab. nein. man kann nicht abschweifen. alles hängt zusammen.

Wenn ich nur einmal so richtig nachdrücklich abschweifen könnte! Dann wär ich – statt dessen muß ich mir folgendes gefallen lassen, es sei denn, ich guck solange woanders hin, nur wohin, ein Woanders gibt es halt überall, nur hier nicht, hier, allwo ich mir alles mögliche gefallen lassen muß an elliptisch geformten Zumutungen, ich könnte ja solange das Radio anmachen, ach so, es läuft ja längst, nun denn, Augen zu, tief Luft holen und: Rein ins Unvermeidliche, Kopfsprung ins Ungestörte:

Beethovens Bruchstellen, in denen der Nachhall des Lärms, der Nachhall des Geistes, nistet, erlauben es sich, nicht zu verschorfen – im Gegensatz zu den Bruchstellen bei Laurence Sterne. Sternes Bruchstellen werden von den Abschweifungen, die aus diesen Bruchstellen hervorknospen, freundlich zugedeckt – ganz im Gegensatz zu den Bruchstellen in E. T. A. Hoffmanns *Kater Murr,* der wenig später verfaßt wurde als Beethovens letzte Quartette. E. T. A. Hoffmann schaltet zwar zwischen zwei disparaten Manuskripten hin und her, modern wie einer, der am Radio spielt oder Filme cuttet. Doch leider wird vorsorglich dieses systematische Immer-wieder-Abbrechen mit einem technischen Versehen bei der Drucklegung erklärt. Und leider werden Tristram Shandys Digressionen mit einem technischen Versehen bei der Zeugung erklärt – dabei funktioniert das Hirn so oder so genauso so, als wenn – nämlich so: UNUNTERBRECHBARES MACHT SICH SEINE NUTZLOSEN UNTERBRECHUNGEN SELBER.

Und deshalb unterbricht sich da nichts. Weil die permanenten Störungen nie richtig von ganz draußen kommen. Unterbrechungen sind, von hier aus gesehen, bloß nach draußen katapultierte Stockungen und Digressionen, die sofort zurückschnellen und in dem Moment, in welchem sie kurz draußen waren, sich ein bißchen änderten, immer tendenziös, dermaßen tendenziös, daß sie im ewigen How do you do sich kaum wiedererkennen lassen. Als wenn sie ausgerechnet das nicht wüßten, how do I do – Herzkrampf!

Zudem könnten die Rückseiten, zu denen E. T. A. Hoffmann umblättert, genauso gut Vorderseiten sein; diesen Rückseiten fehlt das Farblose der absoluten Rückseite; nie müßte hier ein Passus mit *beklemmt* überschrieben werden; über allen Seiten funkeln dieselben umgänglichen Sterne. Desgleichen bleiben Laurence Sternes Digressionen stets wohlgelaunt. Nie werden sie von jenem »derben Humor« geplagt, welcher beim späten Beethoven – offizieller Auskunft zufolge – vorkommen soll. Unbenutzt bleibt, bei Laurence Sterne und E. T. A. Hoffmann, der Kniff, Humor und Askese zusammenzuzwingen. Zugluft zieht durch Beethovens Frakturen. Bunt und feucht schießt Laurence Sternes Themendschungel ins Kraut, geschmeidige Beleuchtungstechnik fährt durch den wachsenden Guckkasten, das Weiterzappeln jeder Figur hängt an der Gunst unverläßlich schweifender Scheinwerfer und Mikroskope, keine Figur stößt an die äußerste Hirnhaut dieses saftigen Universums. Solche Verausgabung spielt mit den Grenzen, in denen sie bleibt, spielt mit den Nähten, aus denen sie zu platzen behauptet; Beethovens Askese wohnt in der Mondlandschaft längst gesprengten Stoffs. Laurence Sternes Guckkasten ist voller als manch ein Kosmos, Beethovens Kosmos entrümpelter, glühender als jede Krypta. Beethovens Zäsuren, seien es nun Auswurföffnungen, Umstülpstellen oder Einschlagskrater, sehen von außen, aus weiter Entfernung betrachtet, wie Luftlöcher aus, steinerne Entsprechungen zu den Poren des Sterneschen Mammutschwamms. Innen aber, wo bei Sterne das veröffentlichte Eingeweide des Schädels geistvoll dampft, wo überreizte Pleinair-Synapsen gekitzelt werden, versucht Beethovens Vergeistigung umsonst, das empirische Gehirn Beethovens zu leugnen. An dieser Stelle wohnt, in elektronischer Lautlosigkeit, die Idee der Umschaltpause. Umblättern genügt nicht. Beethoven, der geistige Vater der Umschaltpause, schaltet um in Richtung nievernommener Hirnkanäle. Die Luft anderer, völlig anderer, folglich wie von außen kommender Programme – es müssen nicht unbedingt geistige Welten sein – wird aber immer wieder von ein und demselben Streichquartett abgefangen und vorher von ein und demselben, unabstreifbaren Gehirn ausgesendet.

Frenetische Musik

Nicht doch klatschen, so doll war das doch alles gar nicht, spart euren Applaus für später, erstens ist die Sache noch nicht zu Ende –

Laß uns doch klatschen. Denk an deine eigenen Worte: »Künstler brauchen Lärm und nennen es Beifall.«

Denk vor allem an die vielen Dirigenten, Virtuosen, Titelrollen, die alle depressiv geworden sind, weil keiner geklatscht hat.

Ich denke an anderes. Der Nachhall meiner Aussagen wird kaputtgeklatscht. Ich bin ein Opfer eures Lärms. Ich bin weder Daniel Barenboim noch Thomas Gottschalk, weder Ravi Shankar noch Kohl.

Deine Darbietung war halt gar zu effektvoll. Ich darf abermals dich selbst zitieren: »So arbeitet Klassik ihrem Schänder entgegen, indem die Finalsätze, aufs Ende zu, immer fulminanter werden, immer bravissimo-heischender, immer lauter, siehe Spätromantik, immer lärmprovozierender, so laut, daß der anschließende ›rasende Applaus‹ alle Mühe hat, es zu einem vergleichbaren Lärmpegel zu bringen. Kein Lärm kann die Schande, leiser zu sein als Musik, ertragen.«

Wie bitte! Lauter! Ihr klatscht so laut, daß ich nicht verstehe, was ihr mir nebenbei zuruft!

Wir können uns nicht bremsen. Nur Geduld, gleich tun uns die Hände weh.

Ich halte die Unsitte des Applaudierens für ein unreflektiertes Residuum aus archaischen Zeiten. Ich habe soeben meine zärtlichsten Modulationen hören lassen, strömenden

Baß-Bariton, dreifach besetzte Flöten, ausgehörte Bläsermischungen, achtfach geteilte Violinen, mit Schlagzeug bin ich bewußt sparsam umgegangen, und wie quittiert ihr das? Mit brutalem Applaus, vermischt mit Buhrufen. Hätt ich was ganz anderes vorgeführt, würde sich euer Applaus genauso brutal anhören.

Wir geben gern zu, unser Repertoire ist vergleichsweise klein, trotzdem: Es gibt verschiedene Applaussorten, mäßigen Applaus, kurzen Applaus, dünnen Applaus, vereinzelten Applaus, gedämpften Applaus, Pro-forma-Applaus, frenetischen Applaus, Pfeifkonzerte usw. Wir sind fähig zu decreszendi und ritardandi, wir wählen ganz verschiedene Tempi...

Gleichwohl, zu differenziertem Fingerspiel seid ihr nicht erkoren. Tut mir leid, ihr haut bloß die blanken Fleischflächen eurer Hände aneinander, bis sie rot sind. Dergleichen datiert zurück auf neolithische Primärmeuten, damals hatten sich Ausführende und Zuhörer noch nicht geschieden. Wer mitklatschte, musizierte mit. Mittlerweile hat die Musikgeschichte eine Entwicklung durchgemacht. Die Musik änderte sich zunächst von Epoche zu Epoche, dann von Komponist zu Komponist, dann von Werk zu Werk, das Klatschen merkte nichts davon und blieb genauso wie ehedem.

Buh! Buuuuh!!!

Im Klatschen, Pfeifen und Buhrufen sehe ich eine Überkompensation Vater Lärms, der immerhin zwei Stündchen lang stillhalten mußte. Während ich über Sphärenklänge und unterbrochene Serenaden referierte, hab ich euch natürlich im Auge behalten und gesehen, wie schwer es euch fiel, sitzen zu bleiben. Ihr wolltet rascheln, husten, flüstern, im Programm was nachgucken, was anderes hören, mitsingen...

So dankst du uns unsere Begeisterung. Sogar mehr als einen Zwischenapplaus haben wir dir gespendet.

Aber an den falschen Stellen.

Neulich waren wir in der *Zauberflöte,* da hat das Publikum schon in der Generalpause der Ouvertüre losgeklatscht. Ich könnt mich jetzt noch ohrfeigen: Ich Arsch hab mitgeklatscht.

Wie wir dich kennen, wirst du demnächst von uns behaupten: »Zuhörer brauchen Lärm und zahlen Eintritt, ihn zu spenden.«

Ab und zu klatsche ich nicht mit. Ich finde es sogar ziemlich leicht, sich nicht mitreißen zu lassen. Ich fühle mich aber dann immer ganz miserabel. Irgendwie denk ich, die andern könnten mir böse sein, daß ich nicht mitklatsche.

Natürlich, das müssen wir zugeben, Applaus hat was Chaotisches an sich, irgendwie. Musik und Applaus stehen zueinander wie Gesetz und Anarchie.

Keineswegs. Beide gehorchen Spielregeln, das Chaos spielt sich außerhalb dieses Konzertsaals ab, zweimal hab ich ein Martinshorn gehört, verschiedene Hupen im allgemeinen Gebrumm.

Für den Nieser auf den Schluß zu bin ich verantwortlich. Ich hab mich aber bemüht, ihn kompositorisch sinnvoll in die laufende Aufführung zu integrieren. Leider gab es kaum Tuttis.

Wenn Sie den Nieser in die Zäsur zwischen zwei Sätzen gesetzt hätten, hätten wir ihn rausschneiden können.

Das Stillehalten – das muß ich zugeben – ist ein Problem für mich.

In den Satzpausen lockert der Lärm den Gürtel. Ein kollektives Animalium, das die Druckstellen loswerden möchte, dreht sich im Schlaf um. Und auf den Schluß zu, bevor die Schleuse offiziell geöffnet wird, wird das Fleisch immer nervöser...

Passiv bleiben ist schwerer als aktiv werden, deshalb gebührt dem Publikum ein Applaus für gelungenes Stillsitzen, für gelungene Naturbeherrschung.

Kindisch find ich vor allem die Unsitte, daß der Dirigent rausrennt, reinkommt, rausrennt, reinkommt, rausrennt, reinkommt, mit diesem »Kuckuck – da!« entfesselt er immer neu frenetische Dacapos.

Interessant, daß selbst der Dirigent seinen Tribut abliefern muß, auch er applaudiert, mit dem Stab bearbeitet er das Metall eines Notenständers, die Violinisten nehmen ihre Bögen dazu.

Den lautesten Applaus gab es 1793 im Drury Lanc Theatre zu London, der erste Brandvorhang der Theatergeschichte wurde eingeweiht, aus Kupfer, Theaterdiener rückten mit Fackeln und schweren Hämmern dem Vorhang zuleibe: Hämmer und Applaus bildeten eine –

An solchen Punkten schmelzen Ausführende und Zuhörer immer wieder zur einhellig musizierenden Meute zusammen – um kurz danach auseinanderzufallen, aufzusteigen aus der Tiefgarage, zurückzutauchen in den Nachtlärm der Stadt.

Tatsächlich, wir müssen heim. Wir hätten schon längst –

Seit der Lärmgott Omnipräsenz und Omnipotenz gewonnen hat, wird auch in der Kirche geklatscht. Und das geht so weiter.

Stimmt, das finde ich auch schrecklich, daß nach einer Bachkantate –

Immer seltener steht auf dem Programmzettel: »Vom Applaus nach der Aufführung bitten wir abzusehen.«

Eine echte Chance seh ich im sogenannten zögernden Applaus.

Bravo! Bravoo!!

Bei Uraufführungen zeitgenössischer Werke kommt er kaum in Gang.

Hehe, weil niemand weiß: ist das jetzt zu Ende oder geht das noch eine Weile so weiter?

In solchen Momenten gleißt die Möglichkeit humanen Lärms auf.

Nicht im mindesten. Denn sobald er aufhört zu zögern, kann er nicht mehr human genannt werden. Und sobald sein Zögern in ein Ausbleiben übergeht, kann er nicht mehr Lärm genannt werden.

Fulminante Delta-Schlüsse sind heut zum Glück verpönt, und der Applaus sollte sich daran ein Beispiel nehmen. Statt dessen hat sich die Kunst ein Beispiel am Applaus genommen, genauer daran, wie Applaus aufhört. Seitdem feiern viele Schlüsse nicht mehr sich selber, sie vegetieren dahin wie ersterbender Applaus, scheinbar bescheidene Morendo-Schlüsse. Unvollständige Abschnitte, die sich teils verkrümeln, teils nochmal aufraffen, andere Teile mitreißen. Ein letztes, insgesamtes Aufflackern, ein verzweifelter, glühender Griff in die allerletzte Reserve, ein Drittel ist schon fortgebröckelt, jetzt fällt über ganze Zellkolonien definitiver Schatten; nur ein letztes Primärgrüppchen, im Parterre, klatscht noch, lebt noch, klatscht für andere mit, arbeitet mit schmerzenden Instrumenten... aber die verklungenen Massen stehen schon an der Garderobe Schlange... dünner wird der Faden, dünner... dünner – reißt... ein einzelner Klatscher versucht's nochmal... keiner klatscht mit...

Das unverständliche Wort

Das eingeflüsterte Wort

Lärm, ohne Luft, wird nicht gehört, jedenfalls von irdischen Ohren nicht. Luft, ohne Lärm, dem sie beim Vorwärts hilft, erzeugt, sobald sie sich bewegt, selber Lärm: sobald eine Brise durch Pflanzen oder Haare läuft, bescheidenen Lärm, extremen Lärm ab Windstärke 8. Der Wind kommt noch nicht zu Wort, er pfeift nur vor sich hin. Sogar das Wort, das am Anfang des Johannesevangeliums war, war am Anfang der Genesis noch ganz amorph, bloß Geist Gottes, Ruach, Hauch, Odem, mehr noch nicht, Wort noch nicht. Der einhauchende Gott stand noch auf der Stufe jener Naturvölker, die ihre Schwirrhölzer, bevor sie auf Jagd gehen, beblasen; noch lang nicht auf der Stufe des Souffleurs, der nicht nur pustet, sondern mitteilt. Die Souffleuse, sitzend in göttlicher Verborgenheit, hält flüsternd die Welt zusammen, wo anders als im Innersten, springt jedem Planeten, der beim Rollen nicht mehr weit weiter weiß, soufflierend bei. An manch einem Anfang war das Stichwort. Das Stichwort besitzt das Zustoßende des Lärms; sein Bruder, das Schlagwort, das Zuschlagende des unsterblichen Schlagzeugs; das Flüstern, das Dezente des Verschwindenden. Irritierbar steht das Wort zwischen dem allzu leisen Flüsterwort, das es war, und dem allzu lauten Schlagwort, das es wird. Das Flüsterwort, akustisch nicht immer ganz verständlich, steht zwischen dem Wort, das es sordinisiert, und purem Rauschen. Der Souffleurkasten imitiert die rauschende Muschel, die Souffleuse des Schauspielers imitiert die Muse des Bühnendichters.

Maß am Musengeraun nahm selbst das Daimonion des

Sokrates, vergleichsweise wortkarg verhielt sich dieses ästhetisch nicht weiter ergiebige Neutrum. Statt dessen trumpfte es mit Ethik auf, es spendierte nichts, es riet ab, dafür kam es kaum noch von außen und wollte deshalb als innere Stimme ein Höherstehendes sein als das bloß von außen eingeflüsterte Wort. Auf seinem Weg zum modernen Über-Ich spaltete sich das Daimonion unter christlichem Einfluß in die Stimme zur Linken und die zur Rechten auf. Gotisch stand der Menschenwurm zwischen Baß und Diskant und rief verzweifelnd: »Stimme zur Linken, Stimme zur Rechten! Wem soll ich glauben, wer rät mir zum Rechten?« Auf der einen Seite steht der Engel, der dem Evangelisten Johannes wörtlich in die Binse diktiert und für den seit Rilke zeitgemäßerweise Signale aus dem Weltall einspringen, auf der anderen Seite ein teuflischer Einbläser, siehe Loriot, wo ein gemaltes Teufelchen auf der Schulter des fotografierten Franz Josef Strauß steht, der lauscht somnambul dem Wort: »Du stehst jetzt auf und sagst folgendes . . .« Halbwegs zivilisiertes Verhalten hängt am Phänomen der Gewissensbildung, andererseits hängt das Phänomen Stimmenhören an einem Mindestmaß schizophrener Grundausstattung, und die Stimme des Gewissens gehört doch wohl auch zur Gesellschaft innerer Stimmen. Jedenfalls hat Freuds Über-Ich seine christliche Vorgeschichte noch nicht abstreifen können, es befindet sich weiterhin im Kampf gegen dunkles Es. Dazwischen west als weiterhin gotischer Menschenwurm das schwache Ich, Streitball zwischen Verinnerlichung und Fremdbestimmung.

Als wenn auf innere Stimmen kein Verlaß wäre, haben es sich allerlei äußere Stimmen angelegen sein lassen, Verstärker zu spielen. Absurde Lehrsätze werden außen wie innen in gleicher Häufigkeit bereitgehalten. Damit vom Einzugießenden nichts nebenbei umkomme oder ungebündelt ankomme, nahm der mittelalterliche Lehrkörper einen Trichter zu Hilfe, nicht immer einen poetischen Trichter. Noch der Sterbende bekam ein solches Ding ins Ohr geschoben, durch des Rumpfs verengten Schacht wurden Grüße und Nachrichten an Verstorbene oder letzte Bibelsprüche eingepaukt. Von hier läuft eine direkte Linie zur Hypnopädie bei Aldous Huxley: Statt Sterbendenpädagogik Neugeborenenpädagogik; der Brut- und Normdirektor der wackeren neuen Welt definiert den menschlichen Geist als die Summe aller staatlichen Einflüsterungen. Und vom Hörkissen, auf dem die bebrütete und genormte Menschheit unfreiwillig ruht, ist es wiederum nur ein knapper Schritt zum scheinbar freiwillig aufgesetzten Walkman heutzutage: Entzugserscheinungen zeige sogar ich, sobald ich mich nicht freiwillig anleine. Irgendwann wurde mir geflüstert, daß es schön sei, etwas geflüstert zu bekommen. Meine infantile Vorfreude, etwas geflüstert zu bekommen, paart sich mit meiner selbstmörderischen Wollust, unterbrochen zu werden, im Telefonklingeln.

Die Figur des Lauschers

Falls ein Wort, das gehört werden möchte, über keinen Trichter verfügt, braucht es sich bloß knapp unter die Vernehmlichkeitsschwelle zu begeben, und schon wird der unempfängliche, vom Wort verfolgte Empfänger, dem kein Trichter beikam, aufhorchsam. So entsteht die Figur des Lauschers. Der lauschende Mensch verfolgt nun seinerseits das ab sofort unaufdringliche Wort. Er wird verspottet vom harthörigen Menschen des späten 18. Jahrhunderts, der den Einflößtrichter des 17. Jahrhunderts umdreht, um dem Wort, das er zu verpassen fürchtet, ungenügend entgegenzukommen, nämlich mit einem Aufgebot an abenteuerlichen Auffangtrichtern, mit Hörrohren, Londoner Hörhörnern, teleskopischen Ohrtrompeten, dem Ohr des Dionysius. Aber während der Taube die Geräte in die Richtung des gebrüllten Wortes dreht, unerreichbaren Lärm, lockt das geflüsterte, sich zurückziehende Wort den klassischen Lauscher mit dem Zauber weit entfernten Lärms: der klassische Lauscher muß die klassische Souffleuse, deren Gegenfigur er bildet, förmlich bewören, damit sie überhaupt noch flüstert. Sobald mitten im Katzenjammer ein Liebhaber von echten Biedermeier-Musenküssen die Muse um ein Lied bittet, siehe Mörike, gibt die Muse nur »schnöden Bafel« ein, und wo auf hundert Dichter bloß neun Musen kommen, erhalten die meisten Dichter nicht einmal schnödel Bafel. Indem Hermann Hesse, im Zeitalter des Bespitzelns, eine seiner Figuren ausgerechnet Hermann Lauscher nannte, gab er wider Willen zu erkennen, daß ihm die Muse, jedenfalls im Moment dieser tendenziösen Taufe, nicht eben hold war. Der Studiosus Anselmus, ein optimaler Lauscher bei E. T. A. Hoffmann, hatte es noch nicht nötig gehabt, eigens Lauscher zu heißen. Die Glut seines Lauschens destillierte aus dem trivialsten Rauschen mirakulös tuschelnde Offenbarung heraus; schier verblaßt der Inhalt des Getuschels in solcher Glut. Im Märchen erlöst das decodierte Wort den absoluten Lauscher von seinem Lauschertum; außerhalb des Märchens hat jeder Lauscher das Problem, aus dem Geschwafel, das er ergattert, das entscheidende Wort, das Zauberwort, herauszuhören; allerdings müßte das Zauberwort noch ganz anders lauten als bei Kalif Storch oder in Ravels Zauberoper *L'Enfant et les Sortilèges*. Einst war die Souffleuse die heimliche Göttin, dann verwelkte sie im Glanz jenes Hauptdarstellers, der seine Rolle dermaßen beherrschte, daß jedes Soufflieren unnötig wurde und sich sogar die Souffleuse am abrollenden Sprechtext, falls sie die Zeile verlor, orientieren konnte.

Wo ein Flüstern zum Knarren wird, ist ein Kehlkopf hinzugetreten. Wo die gedämpfte Stimme zur verstärkten Stimme wird, wird der Trichter erneut umgedreht, diesmal aber nicht zum Hörrohr, sondern zum Megaphon, also des Rumpfs verengter Schacht zum Rumpf erweiterten Schachts. So ging es den letzten lauschigen Plätzchen an den Kragen; schon die Gartenlauben Jean Pauls und Mörikes lagen mitten in Goethes »überhandnehmendem Maschinenwesen«. Gegen das Megaphon gehalten, die brutalste Flüstertüte, hörte sich das korpulente Sprechrohr, das 1650 von Athanasius Kircher erfunden ward, geradezu zärtlich an. Es verstärkte, in aller Unschuld, die menschliche Stimme nur andeutungsweise. Ein Donnerwort war ihm nicht zu entlocken. Es stand dem Gebrauch, aufgrund seiner Unhandlichkeit, im Weg. Es starb, ein Dodo von Maurizius angewandter Akustik, sofort aus. Das Megaphon hingegen eignet sich nicht, geflüsterte Worte auszuteilen. Sein elektrisch verzerrtes Sputum ist fast zu laut, um problemlos decodiert zu werden. Das akustische Subjekt, die Figur des Lauschers, wurde einfach zugeschüttet, das Publikum des laut gewordenen Wortes immer lückenloser. Kein vernünftiges Wort war aus dem Megaphon herauszukriegen. Es wandte sich, statt an lauschende Zuhörerschaft, an ein Heer gehorchender Ohrmuscheln. Die Macht der Lautstärke löste die Ohnmacht des Wortes, die Macht des mißverstandenen Wortes, ab. So mündete der Kanal der Luftröhre in den Ozean des Allgemeinen; so mündete der aufgeworfene Mund in den Lautsprecher, durch den am Schluß Musikgeschichte wie Literaturgeschichte, als wären sie Politik, sich quetschen müssen. Das zugeschüttete Subjekt, in Gestalt des Dichters, der seiner Muse lauscht, verzettelte sich unterdessen in Schriftstellern, die ihre Mitmenschen belauschen, und in Mitmenschen, die sich zu dürftigen Göttern aufblasen, nämlich zu vollendeten Kontrolleuren. Selbst der situative Privatbelauscher, eine unergiebige Figur, starb aus, nicht nur seiner Erwischbarkeit wegen: die Wanzen, die sich heutige Informationsschergen gegenseitig unter die Tische kleben, lassen sich nicht erwischen, sondern bloß entdecken, und auch dann verbergen sie die Identität des Spions. Sondern vor allem wegen der Zuwachsrate der Nebengeräusche starb der situative Privatbelauscher aus: wo sich wirklich noch einer hier und da hinter einer Tür oder vor einer Telefonzelle aufstellt, schlägt Verkehrstumult Lücken ins kaum zu Erbeutende. Der Wanze, die immer kleiner, mattgrauer, unentdeckbarer wird, ergeht es nicht anders. Wie oft werden die hochrelevanten Infos, die vom mitlaufenden Band sogar eingefangen wurden, Karikaturen kaiserlicher Botschaft, von unbrauchbaren Infos überlagert; Staatsgeheimnissen, die jeder kennt. Der Eingeweihte sogar schwankt, ob er Wort oder Lärm belauscht. Isolde und Tristan, unter nächtlichem Baum verabredet, einem Ölbaum, auf dem zwei Lauscher saßen, Vorboten der im Wald aufgehängten Mikrophone aus Orwell: der lauschende König Marke und der Zwergmensch Melot von Aquitanien, dessen Kleinformat ihn so wenig vor Entdeckung schützte, wie das Kleinerwerden der Wanze die Wanze schützt; – Isolde und Tristan konnten ihr Geheimnis in keinem Nebengeräusch verstecken; kein Ölbaumrauschen sprang helfend bei – während zeitgenössische, auf der Toilette tagende Geheimnisträger sich vor Lauschattacken der Konkurrenz zu schützen wissen, indem sie prophylaktisch, für die Dauer des Infoaustauschs, die Spülung betätigen. Teuerste Richtmikrofone peilen, über Verkehrskreuze hinweg, eine 150 m entfernte Parkbank an und schälen die dort gewechselten Worte aus dem Lärm, in welchem die Worte untertauchen, wieder heraus; so wird die Zukunft des Lauschertums gesichert.

Wortgeräusch und Rotationsmaschine

Falls die Zukunft des Wortes zweifelhaft sein sollte; die Zukunft des Lärms, solange dem Lärm die Luft nicht ausgeht, kennt keine Zweifel: dem Lärm taugt sogar verpestete Luft zu seiner Fortpflanzung. Alles bleibt laut. Selbst das geschriebene Wort bringt es nicht fertig, leise zu bleiben. Die Summe verschiedener schriftstellerischer Äußerungen rinnt unweigerlich zum Wortgeräusch oder Spatzenkonzert zusammen, jedenfalls im Ohr der Beteiligten.

MAX PICARD Das Wortgeräusch ist wie ein Gewimmel von Insekten: man sieht nur eine undeutliche Wolke, eine Insektenwolke, von der ein Gesumme ausgeht, das alles bedeckt und alles gleichmacht.

Solches Wortgeräusch ist aber nicht nur Produkt des Überangebots schreibender und redender Kollegen, sondern hauptsächlich das Produkt ungenauen Hinhörens: Max Picard, alles andere als ein gewissenhafter Insektenforscher und Spatzenjäger, besitzt kein Richtmikrophon. Indem er das Wort gegen das Wortgeräusch ausspielt, führt er den antiquierten Menschen gegen die hoffnungslos brodelnden Menschen ins Feld: Gregorianik contra Charles Ives. Max Picards logosgeborenes Wort schwebt, seine Zeit unerbittlich richtend, über dem wüsten und leeren Wortgeräusch, mindestens auf ewig gefeit, auch nur im mindesten unterzugehen im Rest der lärmenden Welt. Nicht mehr melden sich im Wortgeräusch orphische Urworte zu Wort; Max Picard stellt sich taub gegen Gemeinsamkeiten zwischen Goethe, Dante und neuzeitlicher Megaphonik. Selbst das geschriebene Wort wurde zum Übertönen geboren, zum Lärmen bestellt.

KARL KRAUS Mein Wort konnte Rotationsmaschinen übertönen, und wenn es die nicht zum Stillstand gebracht hat, so beweist das nichts gegen mein Wort.

Hier wurde nicht das Harte durch das Weiche besiegt. Sondern beide, Mund wie Maschine, röhren um die Wette, was lauter sei, Wort oder Lärm. Beide möchten einander den Schalltrichter stopfen, und zwar gründlich. Nie gehören beide in stiller Fabrik ölend sich selber. Ihr Innehalten wird von nekrophilen Typen, die sich im Umgang mit Rotationsmaschinen bereichert fühlen, genauso verhindert wie von bibliophilen Typen, denen die Beschäftigung mit dem Wort etwas gibt. Im Wort und im Lärm stehen sich keine geringeren als Geist und Natur gegenüber, genauer: der Geist des E-Bereichs und die U-Musik der Natur. Zur Not geht es auch wortlos, zum Glück geht es auch wortlos, Rotationsmaschinen aller Art führen das überzeugend vor, Urschrei-Ideologen eingeschlossen. Das Triviale, unerträglicherweise, besiegt das unerträglich Pathetische. Die Vergangenheit gehört dem Gutturallaut, die Zukunft gehört der Nonverbalität, die Gegenwart gehört dem Urschrei der Maschine. Die Dauertöne der Tiere sind zeitlos, dies auch dann, wenn die Tiere ausgerottet werden. Hegel würde jedem Urschrei Unursprünglichkeit bescheinigen; das bringt den Urschrei überhaupt nicht aus der Bahn, das juckt ihn nicht, das bringt ihn nicht zum Rotieren. Hauptsache, er ist in der Lage, und er ist in der Lage, das Wort, um das es selten schade ist, zu übertönen, und zwar gründlich. Daß das Wort Rotationsmaschinen übertönen kann: das ist der ödipale Wunschtraum des übertönten Wortes; der stete Tropfen des Worts höhlt nicht etwa das steinerne Herz der Maschine, vielmehr vergrößert sich dieses steinerne Herz, mit oder ohne Wort, von Minute zu Minute, auch wenn sich die Maschinen, von Modell zu Modell, verkleinern.

Das decodierbare Wort

Die Abonnenten des Worts, eloquente Organismen, unterscheiden sich nicht in jedem Punkt von den Hauptorganen des Lärms, wortkargen Maschinen. Lärm aber und Wort unterscheiden sich, in einem Punkt, entscheidend; im Punkt ihrer Decodierbarkeit. Das noch nicht decodierte Wort fasziniert den passionierten Decodierer; das vorerst undecodierbare Wort raubt ihm den Schlaf. Das restlos decodierte Wort verliert entweder das Interesse des Decodierers, er wendet sich dem folgenden Wort zu. Oder er benutzt es auf Dauer – Nachteil: Das Wort verliert an Klang, es wird seltsam taub, fast aufs neue unverständlich – ohne aufs neue die Wollust des Decodierens zu fordern, es paßt ideal zum Muffeltum dessen, der decodiert hat. Am undecodierbarsten bohrt sich die Muttersprache der Maschinen und Tiere ins Ohr des Decodierers. Noch der vielsprachigste Übersetzer scheitert an diesem wahrhaft unverbesserlichen Esperanto. Dezibelwerte machen es zum Appell. Doch nur im Märchen gelangt Caliban zur Verbalisierung seiner Not. Jung-Siegfried, im Waldweben liegend, hört eines Waldvogels »wonnige Weise«, wonnige Holzbläsermischungen; er erinnert sich eines zankenden Zwergs, der ihm erzählt hat, man könne dazu kommen, »der Vöglein Stammeln« zu decodieren. Siegfried versucht es, er schnitzt sich ein Schilfrohr zur Oboe, er nähert sich mit Gequäk der wonnigen Weise, vergebens. Erst nachdem sich Siegfried mit dem Blut des per Hifthorn herbeigeblasenen Drachen benetzt hat, schlägt der wonnige Holzbläsersatz in die befreienden Worte des Waldvogels um. Obwohl es bei Schopenhauer geheißen hatte, daß die Musik – mit E.T.A. Hoffmanns Worten – dort anfange, wo Worte aufhörten, bringt erst das Wort, und sei es das eines Vogels, die neue, allesentscheidende Qualität. Vertonte Poesie erlöst vertonten Lärm. Hegel besiegt, an dieser Stelle bei Wagner, und zwar von Jung-Siegfried aus gesehen, Schopenhauer. Doch Schopenhauer behält, vom Rezipienten des Rings aus gesehen, gleichfalls das letzte Wort. Die international verständliche Musik Schopenhauers, einschließlich Waldweben, wird nicht etwa zum Sprechen gebracht, sie verengt sich zu einem bloß für deutschsprachige Hörer decodierbaren Part. Keineswegs wurde die Sprache der Vögel ihrer Unverständlichkeit entkleidet, sondern bloß die Vogelstimme zum allzu menschlichen Sopran. Solch ein Vogel, der Träger der nach außen geworfenen, inneren Stimme Siegfrieds, weiß nichts zu melden, was unbekannt wäre; nichts, worauf nicht auch Jung-Siegfried zur Not selber hätte kommen können. Das Daimonion des Sokrates vermasselte immer nur, Siegfrieds singendes Über-Ich warnt Jung-Siegfried nicht davor zu stehlen, hindert ihn nicht an der Ermordung des zankenden Zwergs. Das hätten die reinen Holzbläser nie getan.

Im decodierten Wort, falls es nicht von vornherein aus einem schlechten Tip besteht, lauert immer schon die Lust der Schlagzeile, die noch mundfaulere Lust des Schlagworts. In der Sprache der Tiere und Maschinen dagegen wohnt das gequälte Glück des noch nicht gefundenen, des vielleicht schon auf der Zunge liegenden, des noch nicht strapazierten, noch nicht befolgbaren, noch nicht wortgewordenen Wortes. Es soll Momente geben, in denen sich die undecodierbare Sprache, also der Lärm, besser anhört als das Wort, dieser decodierbare Lärm. Doch läßt sich die Erfahrung solcher Momente nicht umsetzen in die tägliche Praxis, in der es ungezielt und gezielt zuzuhören, zu lärmen und zu sprechen gilt. Wer die lustbetonte Routine des Decodierens tauschen wollte gegen die Wonnen des Undeutlichen, bliebe in Gebrabbel schwimmend und unbefriedigt stecken. Lärm wird erst dann belauschenswert, wenn er zur Sprache wird. Dies aber wird er nicht. Das liegt einerseits am Lärm: elaborierter Lärm hat für den restringierten Code der Wortemacher wenig übrig; essentieller Lärm, also ungebrochener, stößt sensible Lauscher vors Ohr, er ist zu laut, um beredt zu werden; alle Aussteuerungszungen schlagen immerfort ins Rote. Wäre er aber leiser, wäre er irgendwann nicht mehr Lärm. Andererseits wird Lärm nur dank solcher Lauscher beredt, oder wenigstens aussagefähig, die vorher, also bevor ihnen noch die Sprachenverwirrung zu Babel zu einer neuen Sprache wird, im Raum einer Wortsprache beglückt worden sind.

Leider wird jeder Benutzer mit dem Wort auch dann glücklich, wenn das benutzte Wort dieses unbeirrbare Glück nicht teilt. Das beglückte Wort bleibt unglücklich. Das eroberte Wort leugnet, erobert worden zu sein. Das unglücklich gewählte Wort hätte Besseres vorgehabt. Das unwesentliche Wort will von Genesung durch irgendwelches Wesen nichts wissen. Das dichterische Wort kann das bloße Wort »Dichter« nicht hören. Das im Mund herumgedrehte Wort könnte kotzen. Dem wörtlich genommenen Wort wurde etwas genommen, das eindeutige Wort wurde annähernd restlos ausgeraubt. Das entscheidende Wort verbirgt denen, die es aussprechen, daß sich vorerst nichts entscheidet.

Die unverläßliche Stille

Es gibt weder Lärm noch Stille

Wenn Lärm und Musik nachlassen, kehrt Stille ein. Wenn Wort und E-Musik verklingen, tritt Schweigen ein. Es darf aber nie still werden, und jede Schweigewiese liegt, ohne daß auf ihr permanent geschwiegen würde, mitten im Geschwafel. Ins eigene Nichts wird das tägliche Quantum selbstgestrickten Lärms gegossen, und mehr bedarf's nicht – bis zum nächsten Morgen. Das Nichts, das jeden Morgen aufs neue laut wird und nach Neutralisiertwerden brüllt, könnte gefährlich werden – derweil der Lärm, der dröhnende Helfer in jeder Not, bloß stört; falls er stört. Er stört nicht. Dazu ist er zu beliebt. Er hat es nicht verdient, Lärm genannt zu werden; wahrer Lärm wäre dergestalt unbeliebt, daß er niemanden fände, der ihn aushielte und vorher machte: folglich gibt es keinen Lärm. Universale Unempfindlichkeit löscht am Lärm genau das, wessen er bedarf, um nicht Pseudolärm zu sein. Fiele Unempfindlichkeit fort, könnte Lärm Lärm sein. Fiele Unmusikalität fort, könnte jener Lärm, der hier und da voreilig Musik genannt wird, Musik sein: es gibt keine Musik. U-Musik begnügt sich, Getrommel & Gedudel zu bleiben, und E, falls statistisch überhaupt nachweisbar, kann von U die Finger und Hartfilzschlägel nicht lassen. Wo das Wort zum Zuge kommt, kann es nicht mehr Wort genannt werden, und wo es zu Wort kommt, ist sein Zug dermaßen abgefahren, als sei es noch nie so richtig zu Wort gekommen, ja, als sei es gar nicht das Wort. Noch weniger gibt es die Stille. Alles scheinbar Ertönende zielt in ihre Richtung: das Wort, indem es ab und zu verklingt; der Lärm, indem er kurzfristig abgestellt wird; die Musik, indem sie immer wieder Abschied nimmt, in *Les adieux* aus opus 81 weniger als in opus 111, in Mahlers *Lied der Erde* untröstlicher als in Haydns Abschiedssymphonie. Aber nirgendwo muß Lärm befürchten, seiner Identität in aller Stille verlustig zu gehn. Denn wo – frei nach Epikur – Lärm ist, ist es nicht still, und wo Stille west, kann Lärm nimmermehr in diese Stille hineinmünden, jedenfalls nicht als Lärm. Östliche Weisheit, mit steigender Beredsamkeit, zielt gleichfalls in Richtung Stille, zielt und zielt, zielt seit Jahrtausenden und langt nicht an.

Nirwana in h-moll

Das Kind, das im Herzen des Taifuns schlafen könnte, schläft ungestört im Herzen des Stadtlärms, der dörfliche Stille besiegte, obwohl das Leise das Laute besiegt. Seit dieser taoistische Grundgedanke vom Lauten, und zwar mit Hilfe vor allem der Industrie, immer unüberhörbarer widerlegt wurde, leidet Laotse an Hochkonjunktur. Nicht besser als dem Tao der Stille ging es dem einzigen Ort im Buddhismus, wo das störende Dreigestirn Lärm – Wort – Musik nichts zu suchen hat, provisorisch Nirwana genannt. Die Ritualmusik des Klosterbuddhismus, mit ihrem Schlagwerk, ihren Dröhntuben, läßt dem Nirwana keine Chance. Der Boddhisattwa des Mahayana-Buddhismus wird, kaum daß er die Zehe in die Flaute des Nirwana setzt, vom Lärm aller leidenden Kreatur, die noch nicht so weit ist, zurückgerufen in ihren Lärm.

Kaum wanderte das Nirwana, dieses Reservoir der Stille, ins Europa des 19. Jahrhunderts ein, wurde es vertont. Über sechzig Orchestermusiker fanden unerlöst zusammen, um Hans von Bülows opus 20, die Orchesterfantasie *Nirwana*, komponiert 1851, kurz vor *Tristan*, aufzuführen. Dieses Nirwana, in h-moll stehend, geizt mit dicker Fortissimo-Entwicklung nicht im mindesten; keine trinkfertige Windstille wird vorgetäuscht, keine Welt im Rücken gelassen, sondern erst einmal eine Welt Abschnitt für Abschnitt aufgebaut, ausreichend Bewegung erzeugt, nirwanafeindliche, nirwanabedürftige Bewegung; zwischen *Con-fuoco*-Teilen und *Molto-risoluto*-Passagen liegt vorübergehend ein paukenloses *Molto quieto e misterioso*, ein Posaunenchoral auf einem Tremolo der Bässe: stiller wird es nicht. »Die ›Nirwana‹ ging recht gut«, schrieb Richard Strauß über die Aufführung vom 29. Januar 1886, in der er das Becken schlug, und zwar neunmal: als Meditationsmusik ist die Sache ungeeignet, sehr im Gegensatz zu einem Klavierstück, komponiert 1922 in Cleveland von Ernest Bloch, des Titels *Nirvana*. Hier darf Schopenhauersche Theatralik verhallen, plätschernde Stagnation kommt der unerreichbaren Stille, nicht ohne *mistico* und *lontano*, schon wesentlich näher. Nun ist es nicht mehr weit bis zu jener »Komposition« von Bhagwans Hofkomponist H. Deuter, die den Titel trägt: *Nirvana on the Road*. Sie tönt immerhin dezenter als die erste Rockoper der Musikgeschichte *The Story of Simon Simopath – A Science Fiction Pantomime*, 1967, geschrieben von der britischen Formation *Nirvana*; dezenter als Isang Yuns Stück für Soli, Chor und Orchester *Nirvanishing*, 1964, das der fernöstlichen Kultur der Stille eigentlich näher sein müßte: statt dessen Baßklarinettensolo, Triangel, Tempelblöcke, Celesta, Baritonsolo, Sopransolo, orchestrale Fortissimos, Klarinettensolo, die letzten Worte des Baritons werden gesprochen: »There settles the thinker«, die letzten Worte des Chors werden geflüstert: »Whatever can be seen or heard or thought«; Schlittenschellen in vierfachem Pianissimo: doch ist hiermit die Stille nicht wirklich erreicht, der nächste Zyklusabschnitt *To the Nirvana* setzt im Forte ein, mit Gong, Röhrenbecken, kleiner Trommel, Om singendem Chor. Alle diese Nirwanavertonungen nahmen die Stille nicht beim Wort, Isang Yun nahm Buddha so wörtlich wie Debussy die Sirenen; stiller wurde es erst dort, wo eine Musik nicht ausdrücklich »Nirwana« hieß, sondern schlicht opus 11 oder ähnlich.

Bewegung am Rande des Verstummens

Wem der Mund verstopft wird, der malt halt ab sofort ungemalte Bilder. Wem er nicht verstopft wird, der kräht auf ungelegten und gelegten Eiern. Rimbaud und Hölderlin, Rossini und Hildesheimer verstummten, ohne sich vorher am Rande des Verstummens bewegt zu haben. Seit Anton Webern halten es etliche Künstler für notwendig oder in, sich an diesem Rande zu bewegen. Zähneknirschend muß die GEMA die Pausen mitbezahlen, nirgendwo geht das wiederholte, konsequent weitergetriebene Verstummen in konsequente Stille über. Der Zwischenraum, der an Laotses Rad wichtiger ist als dreißig Speichen plus Nabe, würde depressiv, wenn er sich nicht links und rechts an eine Speiche schmiegen könnte, so depressiv wie der Fastende, der nicht mitzählen dürfte, wann er wieder zuschlagen darf. Die Schwester der sechs Brüder, die in dem Brüder-Grimm-Märchen *Die sechs Schwäne* in sechs Schwäne verwandelt werden, muß, um sie zu erlösen, für sechs Jahre verstummen; die Schwester der zwölf Brüder, die in dem Brüder-Grimm-Märchen *Die zwölf Brüder* in zwölf Raben verwandelt werden, muß, um sie zu erlösen, für sieben Jahre verstummen: die Erlösung besteht hier allemal in der Aufhebung des Stummseins. Auf Anton Weberns namhafte Pausen ist so wenig Verlaß wie auf seine dreifachen Pianissimo. Diese zeugen von der Inkonsequenz alles scheinbar Pausierenden; laut Adorno sind sie als der Nachhall implodierender Materialschlachten Gustav Mahlers zu verstehen.

THEODOR W. ADORNO Oft, gerade in Weberns Orchesterstücken, aber auch in einzelnen Wendungen der auf diese folgenden Stücke für Geige und Klavier op. 7 und für Cello und Klavier op. 11 ist dies dreifache Pianissimo, das Allerleiseste, der drohende Schatten eines unendlich entfernten und unendlich mächtigen Lärms: so klang, im Jahre 1916, auf einer Waldchaussee bei Frankfurt, der Kanonendonner von Verdun, der bis dahin trug. Hier berührt Webern sich mit Lyrikern wie Heym und Trakl, den Propheten des Krieges von 1914: das fallende Blatt wird zum Boten kommender Katastrophen.

Anton Weberns taoistisches Verstummen inkarniert sich bei Alban Berg als buddhistisches Verlöschen. Der »organisch wuchernde Reichtum«, den Adorno rühmt, gehört genauso nach Indien wie das »todtraurige Verrinnen« dieses Wucherns. Sobald aber Berg tatsächlich, nämlich in seiner *Lulu,* in unwiderruflicher Negation seines organischen Reichtums erlischt, wird Adorno prompt zum Anwalt positiven Weitermachens, es sei »aufs dringendste zu hoffen, daß man endlich die ausstehenden Partien des dritten Aktes orchestrieren läßt«. Erst am 29. August 1952, in Woodstock, wurde der Stille zu ihrem Recht verholfen, und zwar bei der Uraufführung des Klavierstücks *4:33* von John Cage. Obwohl der Pianist nichts zu tun hat, außer die leeren Seiten umzuwenden, ist die Satzlänge, von Satz zu Satz, auf die Sekunde genau festgelegt: hier wird das Nirvana zum Jocus. Der Pianist ist allein mit dem hohen Klang seines Nervensystems, mit dem tiefen Klang seiner Zirkulation, allein mit der akustischen Vegetation des Publikums, die sofort in die Lücke tritt.

John Cage und Morton Feldman zogen die Sekunden, für die Anton Webern immer wieder verstummte, in die Länge – gleich danach beginnt hier wie da wie dort das nächste Opus. »Nun plaudert Papageno wieder!« Am Rande des

Verstummens ist mittlerweile ein beträchtliches Verkehrsaufkommen zu verzeichnen. Immer mehr Leute zeigen und erläutern ihr von östlicher Philosophie beeinflußtes Verstummen und freveln gegen den ungeschriebenen Paragraphen, daß jeder nach Möglichkeit nur einmal pro Leben verstummen sollte.

Doch die Stille gibt keine Ruhe

Wer keine Stille findet, kann Stille erzielen, und zwar mittels zeitlich befristeten Ertaubens, mittels Hörschutz. Sobald aber Ohropax oder ein in den Gehörgang eingeführter Zeigefinger es fertigbringt, das gröbste draußenzuhalten, wobei die fiesesten Frequenzen trotzdem durchkommen, meldet sich ein zusätzlicher, im Draußen nicht vorzufindender Lärm, ein Lärm, der für das Draußengehaltene vollgültig einspringt. Dann wohnt in der Fingerkuppe der eigene Puls, und nirgendwo schlägt das Herz als im glühenden Ohropaxklumpen.

Nicht anders ergeht es dem, der der Welt des Lärms abtrünnig zu werden versucht, indem er real ertaubt. Der ertaubende Beethoven hörte, anstelle seiner Werke, kontinuierliche Geräusche in höchster Lage, ein Pfeifen, ein Zischen, ein Sausen im Pulsschlag.

FRIEDRICH SMETANA Die Taubheit wäre verhältnismäßig noch ein erträglicher Zustand, wenn es dabei im Kopfe still bliebe. Die größte Qual bereitet mir jedoch das fast ununterbrochene Getöse im Innern, das mir im Kopf braust und sich bisweilen bis zu einem stürmischen Rasseln steigert. Dieses Dröhnen durchdringt ein Gekreische von Stimmen, das mit einem falschen Pfeifen beginnt und bis zu einem furchtbaren Geschrei ansteigt, als ob Furien und alle bösen Geister mit wütendem Gekreische auf mich losfahren würden.

Die höchsten Flageoletts der ersten Violine aus dem Finalsatz von Smetanas Streichquartett *Aus meinem Leben* pfeifen weiter im Streichquartett *Hommage à Bedřich Sme-*

tana 1976, von Ivana Loudová. Ein hohes E, samt Umfeld, legt den Finger auf die mangelnde Stille des bei Lebzeiten erreichten Nirwanas.

FRANZ KAFKA Manchmal scheint es mir, als habe das Geräusch aufgehört, es macht ja lange Pausen, manchmal überhört man ein solches Zischen, allzusehr klopft das eigene Blut im Ohr, dann schließen sich zwei Pausen zu einer zusammen und ein Weilchen glaubt man, das Zischen sei für immer zu Ende.

Doch die Stille gibt keine Ruhe. Der Löschkopf, wenn Morton Feldman aufgenommen wird und vorher Smetana drauf war, stünde sofort auf seiten der Stille, wenn nicht der Tonkopf wäre und auf das Gelöschte Löschbares legte. Rüdiger Liedtkes Vertreibung der Stille fand nie statt: Das stille Tal, aus dem der Mensch vertrieben wurde und dessen Stille von den Erholungssuchenden vertrieben wurde, ist – strenggenommen – nicht so still gewesen, wie es hinterher der wanderfreudige Volksmund lauthals behauptete; selten stieß ein Vertreiber der Stille auf zu vertreibende, eindeutige Stille; nie raubte Berieselungsindustrie den zu Berieselnden irgendeine Unschuld; stets verschwiegen stille Wasser aller Art, daß sie insgeheim, statt still, laut sind.

Vom Pluralismus des Schweigens

Wenn Liä Dsi wanderte, genoß er die Muße des Wanderns.

Wenn Li Tai Bo, Hans Bethge und Gustav Mahler wanderten, suchten sie Ruhe für ihr einsam Herz.

Wenn Wilhelm Müller und Franz Schubert der Lust des Müllers frönten, sprang aus dem Plätschern des Bächleins gleich ein Liederkreis.

Wenn bei Eichendorff eine Postkutsche durch stilles Land fuhr, notierte Adorno bei diesem Anlaß folgendes: »Was ließe von der nächtlichen Landschaft Unverbindlicheres sich sagen, als daß sie still sei, und was wäre fataler als das Posthorn; aber das Posthorn im stillen Land, der tiefsinnige Widersinn, daß der Klang die Stille nicht sowohl tötet, denn, als ihre eigene Aura, zur Stille erst macht, trägt schwindelnd hinweg übers Gewohnte.«

Wenn Kierkegaard wanderte, und zwar im Gribs-Skov, dort, wo acht Wege sich nach acht Wanderern zu sehnen schienen, notierte der einzige Wanderer anschließend: »Was ist wohl so berauschend wie Stille! Denn wie geschwinde der Trinker auch den Becher zur Lippe hebe, sein Rausch wächst nicht so geschwind wie der der Stille, welcher mit jeder Sekunde wächst! Und wie ist doch des berauschenden Bechers Inhalt bloß ein Tropfen im Vergleich mit des Schweigens unendlichem Meer, aus dem ich trinke! Und wie ist doch alles Schäumen des Weins bloß ein armseliger Trunk gegen des Schweigens inneres Kochen, das stärker und immer stärker schäumt!« Vielleicht wurden aber diese Formulierungen gar nicht anschließend gefunden, sondern sie bahnten sich schon vorher an, mitten im Glück der Stille, in welchem der Betrug der Sprache vergessen werden durfte; mitten im Glück der Stille, das zur guten Hälfte vielleicht sogar aus dem Glück des sich anbahnenden Wortes bestand; mitten im Glück, das auf Störung insgeheim lauerte, auf sieben Wanderer, die den vom Wort gefeierten Schwelgetrank des Schweigens begrenzen und dadurch noch kostbarer, noch schäumender, noch süßer machen würden.

Wenn Walter Benjamin, außerhalb von Marseille, mit dem Schmetterlingsnetz auf Geräuschejagd ging, stieß er oben, auf den Höhen des Mittags, bevor ihn von hinten, »wie eine Riesenhornisse, ein Schleifstein mit zischendem Stachel durchbohrte«, auf dreierlei Schweigen, das der Hähne, das der Axt, das der Grillen, für jedes Gehörknöchelchen eins – auf die gleiche Anzahl, die Max Picard, in seiner Welt des Schweigens, unterscheidet. Max Picard unterscheidet zunächst, gültigkeitstrunken, zweierlei Schweigen, erstens die Welt des Schweigens, aus der der Mensch kommt, zweitens die Welt des Schweigens, in die der Mensch geht, in die des Todes. Zu diesen beiden hat sich aber neuerdings ein drittes Schweigen gesellt: »Heute ist das Wort fern von den beiden Welten des Schweigens, es entsteht aus dem Lärm und verschwindet im Lärm, das Schweigen ist heute keine Welt mehr für sich, es ist nur der Ort, in den hinein der Lärm noch nicht gedrungen ist, es ist nur eine Unterbrechung im Lärm, die Lärmapparatur funktioniert einen Augenblick nicht – das ist das Schweigen heute: Lärm, der nicht funktioniert.« Dieses dritte Schweigen, ein Newcomer, ein Bastard ohne Ewigkeitsqualitäten, fast so unvollbürtig wie Dr. Murkes gesammeltes Schweigen, wendet sich gegen seine hehren Stammväter, das vorgeburtliche und das tödliche, die zusammen das wahre Schweigen bilden, und verurteilt dieses dazu, sich das existentielle Pathos so lange abzuschminken, bis sich das wahre Schweigen nicht anders als das dritte Schweigen anhört, nämlich gleichfalls nach nicht funktionierendem Lärm.

Wenn Büchners Lenz durch die Wälder brach, rief er folgendes aus: »Hören Sie denn nichts, hören Sie denn nicht die entsetzliche Stimme, die um den ganzen Horizont schreit, und die man gewöhnlich die Stille heißt?« Hier hatte sich die aus Luft und aus nervösen Schallwellen bestehende Welt zusammengezogen und überschwemmte das ausgelieferte Ohr; Stille gab, vermittels des Drucks, den Wahnsinn ausübt, ihr schlimmstes Gesicht zu erkennen. Der nicht funktionierende Lärm, die Stille, schlug in allzu gut funktionierenden Lärm, in Dröhnen, um. Kein Löschkopf der Welt hätte hier Abhilfe schaffen können.

Vater Lärm und das Pst! des Harpokrates

Kein Entkommen: Wen sowohl das Dröhnen der Stille als auch der Durchschnittspegel täglichen und nächtlichen Lärms stört, hat bloß die Wahl zwischen einem dröhnenden, noch dazu vertonbaren Nirwana und einem empirischen Tod. Im Tod wird zwar ganz zuletzt, nachdem der Gestorbene den Lärm seiner Maschinen und Bezugspersonen mitanhören mußte, dazu das eigene Röcheln, auch das Gehör losgelassen. Es fällt in die vielbeweinte Stille der Unterwelt. Das Phänomen Ohr wird irgendwann eine Episode gewesen sein. Vorerst jedoch kitzelt Vater Lärm pausenlos neue Ohren wach, rosige Babyöhrchen forever. Selbst ein nukleares Nirwana kann den Vater Lärm nicht schrecken. Die Welt, die Klang ist, hört Klang zu sein und Klang zu bleiben nicht dadurch auf, daß in irgendeinem intergalaktischen Krähwinkel die Ohrenproduktion eingestellt wird, etwas kürzer gesagt: Vater Lärm gibt sich Mühe, auch dann unsterblich zu sein, wenn er nicht belauscht wird.

Vater Lärm gibt und nimmt das Gehör: nahm es Beethoven, der dadurch in die Lage gesetzt wurde, das eigentlich Unbelauschbarste zu belauschen, gibt es denen, die, in kollektiver Taubheit, der Prothese des Dritten Ohres frönen. Vater Lärm, trommelnd, knallend, sich kräftigend selbst noch am Lärm der Schweigemärsche, Schweigen für den Frieden schlürfend, geschmückt mit kletternden Dezibelwerten, bewaffnet mit powerfuller Unsterblichkeit, steht wachsend einem anderen, viel sterblicheren Gott gegenüber, Harpokrates, dem lächerlichsten Gott, einem ägyptischen, der wurde in Rom verehrt als Gott des Schweigens, irrtümlich verehrt. Denn hinterher, nach ganzen Zeitaltern tiefer Harpokratesverehrung und einem entwickelten Kultus des Schweigens, stellte sich heraus, daß das Pst! des Gottes in Ägypten etwas ganz anderes bedeutet hatte: Da Harpokrates nicht von Osiris, seinem Vater, sondern, nach dessen Zerstückelung, bloß von dessen isolierten, eigendynamischen Schamglied gezeugt worden war, war seine Konstitution etwas asthenisch ausgefallen; Harpokrates blieb zeitlebens von Milch abhängig, seine Pst-Gebärde war bloß die Gebärde des Lutschens. Eine Aussendung tödlichen Schweigens war von solchem Harpokrates, der von lebensnotwendigem Lärm umzingelt wurde, nicht zu erwarten. Sobald Vater Lärm den Harpokrates in die Vertikale bringt, auf daß Harpokrates sein Bäuerchen mache, kommen aus dem Mund der lutschenden Gottheit infantile Dissonanzen, Vater Lärm bläst sie ihm ein, so lärmt der Gott des Schweigens, unausstellbar, höchstens kurzfristig stillbar mit dem Knebel der Mutterbrust.

Der Lärm wird einsam sein. Denn er schluckt alle Gegenüber, die zeitweise anders zu sein versuchten, die sirenische Musik, das ambrosische Wort, die ekstatische Stille in sich hinein. Am Schluß wird fast alles Lärm sein, nur eins noch nicht, das bis zuletzt gebliebene Gegenüber, das letzte Ohr, das jederzeit einzige Ohr, kein ideales Ohr, ein Ohr, das von Anfang an die These aufgestellt hat: »Ohne Ohr kein Lärm«, ein Ohr, das nur sonntags als grübelndes Ohr figuriert, wochentags als lärmendes Ohr, als eins, das allmählich zu hörendem Lärm wird, so lange, bis Lärm und Ohr, Objekt und Subjekt, optimal eins geworden sein werden, eins allerdings zuungunsten des Ohrs. Dann jedoch, und vorher schon, dreht sich der Moloch um, wird zu einem Schlund, der nicht länger verschlingt, zu einem spendablen Moloch, einem Maul, das einen Metallbehälter, voll von Explosionen, über tauben Bevölkerungsexplosionen auskippt, auf ewig die Füllhörner schwarzen Lärms, für immer die Container goldenen Lärms.

Ästhetik
in der edition suhrkamp

Bachtin, Michail M.: Die Ästhetik des Wortes. Herausgegeben und eingeleitet von Rainer Grübel. Aus dem Russischen übersetzt von Rainer Grübel und Sabine Reese. es 967

Benjamin, Walter: Das Kunstwerk im Zeitalter seiner technischen Reproduzierbarkeit. Drei Studien zur Kunstsoziologie. es 28

Böhme, Gernot: Für eine ökologische Naturästhetik. es 1556

Bredekamp, Horst: Kunst als Medium sozialer Konflikte. Bilderkämpfe von der Spätantike bis zur Hussitenrevolution. es 763

Bubner, Rüdiger: Ästhetische Erfahrung. es 1564

Bürger, Peter: Theorie der Avantgarde. es 727

Digitaler Schein. Ästhetik der elektronischen Medien. Herausgegeben von Florian Rötzer. es 1599

Foucault, Michel: Raymond Roussel. Übersetzt von Renate Hörisch-Helligrath. es 1559

Frank, Manfred: Einführung in die frühromantische Ästhetik. es 1563

Gombrich, Ernst H. / Julian Hochberg / Max Black: Kunst, Wahrnehmung, Wirklichkeit. Aus dem Englischen übersetzt von Max Looser. es 860

Haug, Wolfgang Fritz: Kritik der Warenästhetik. es 513

Koppe, Franz: Grundbegriffe der Ästhetik. es 1160

Kris, Ernst / Otto Kurz: Die Legende vom Künstler. Ein geschichtlicher Versuch. Mit einem Vorwort von Ernst H. Gombrich. es 1034

Mayer, Hans: Versuche über die Oper. es 1050

Penck, A. R.: Mein Denken. es 1385

Platschek, Hans: Porträts mit Rahmen. Picasso, Magritte, Grosz, Klee, Dali und andere. es 1086

Warenästhetik. Beiträge zur Diskussion, Weiterentwicklung und Vermittlung ihrer Kritik. Mit Beiträgen von Wolfgang Fritz Haug u.a. es 657

Was ist ein Bild? Herausgegeben von Gottfried Boehm. Mit zahlreichen Abbildungen. es 1494

Wellmer, Albrecht: Unversöhnliche Moderne. Kunst und Politik. es 1628

Literaturwissenschaft
in der edition suhrkamp

Aufklärung und literarische Öffentlichkeit. Herausgegeben von Christa Bürger, Peter Bürger und Jochen Schulte-Sasse. Hefte für Kritische Literaturwissenschaft 2. es 1040

Bachtin, Michail M.: Die Ästhetik des Wortes. Herausgegeben und eingeleitet von Rainer Grübel. Aus dem Russischen übersetzt von Rainer Grübel und Sabine Reese. es 967

Barthes, Roland: Elemente der Semiologie. Aus dem Französischen von Eva Moldenhauer. es 1171

– Kritik und Wahrheit. Aus dem Französischen übersetzt von Helmut Scheffel. es 218

– Kritische Essays. Band III. Aus dem Französischen von Helmut Bekker. es 1367

– Leçon/Lektion. Französisch und deutsch. Antrittsvorlesung im Collège de France. Gehalten am 7. Januar 1977. Übersetzt von Helmut Scheffel. es 1030

– Literatur oder Geschichte. Aus dem Französischen übersetzt von Helmut Scheffel. es 303

– Mythen des Alltags. Deutsch von Helmut Scheffel. es 92

– Das Reich der Zeichen. Aus dem Französischen von Michael Bischoff. es 1077

– Semiologisches Abenteuer. Aus dem Französischen von Dieter Hornig. es 1441

– Die Sprache der Mode. Aus dem Französischen von Horst Brühmann. es 1318

Benjamin, Walter: Das Passagen-Werk. 2 Bde. Herausgegeben von Rolf Tiedemann. es 1200

– Versuche über Brecht. Herausgegeben und mit einem Nachwort versehen von Rolf Tiedemann. es 172

Bertaux, Pierre: Hölderlin und die Französische Revolution. es 344

Bildlichkeit. Herausgegeben von Volker Bohn. es 1475

Boal, Augusto: Theater der Unterdrückten. Übungen und Spiele für Schauspieler und Nicht-Schauspieler. Aus dem Brasilianischen von Henry Thorau und Marina Spinu. es 1361

Bohrer, Karl Heinz: Die Kritik der Romantik. es 1551

– Plötzlichkeit. Zum Augenblick des ästhetischen Scheins. es 1058

Bovenschen, Silvia: Die imaginierte Weiblichkeit. Exemplarische Untersuchungen zu kulturgeschichtlichen und literarischen Präsentationsformen des Weiblichen. es 921

Brackert, Helmut: Bauernkrieg und Literatur. es 782

Brecht, Bertolt: Über Politik auf dem Theater. Herausgegeben von Werner Hecht. es 465

Literaturwissenschaft
in der edition suhrkamp

Brecht, Bertolt: Über Realismus. Herausgegeben von Werner Hecht. es 485

Brecht-Journal. Herausgegeben von Jan Knopf. es 1191

Brecht-Journal 2. Herausgegeben von Jan Knopf. es 1396

Brechts Modell der Lehrstücke. Zeugnisse, Diskussion, Erfahrungen. Herausgegeben von Reiner Steinweg. es 751

Bürger, Peter: Aktualität und Geschichtlichkeit. Studien zum gesellschaftlichen Funktionswandel der Literatur. es 879

– Theorie der Avantgarde. es 727

Deleuze, Gilles / Félix Guattari: Kafka. Für eine kleine Literatur. Aus dem Französischen von Burkhart Kroeber. es 807

Deleuze, Gilles / Claire Parnet: Dialoge. Aus dem Französischen übersetzt von Bernd Schwibs. es 666

Die Expressionismusdebatte. Materialien zu einer marxistischen Realismuskonzeption. Herausgegeben von Hans-Jürgen Schmitt. es 646

Fragment und Totalität. Herausgegeben von Lucien Dällenbach und Christiaan L. Hart Nibbrig. es 1107

Frank, Manfred: Gott im Exil. Vorlesungen über die Neue Mythologie. II. Teil. es 1506

– Der kommende Gott. Vorlesungen über die Neue Mythologie. I. Teil. es 1142

– Motive der Moderne. es 1456

Hart Nibbrig, Christiaan L.: Die Auferstehung des Körpers im Text. es 1221

Haug, Wolfgang Fritz: Bestimmte Negation. ›Das umwerfende Einverständnis des braven Soldaten Schwejk‹ und andere Aufsätze. es 607

Hecht, Werner: Sieben Studien über Brecht. es 570

Hijiya-Kirschnereit, Irmela: Was heißt: Japanische Literatur verstehen? Essays zur modernen japanischen Literatur und Literaturkritik. es 1608

Hildesheimer, Wolfgang: The Jewishness of Mr. Bloom. Das Jüdische an Mr. Bloom. Englisch und deutsch. es 1292

Hörisch, Jochen: Gott, Geld und Glück. Zur Logik der Liebe in den Bildungsromanen Goethes, Kellers und Thomas Manns. es 1180

– Die Wut des Verstehens. es 1485

Jauß, Hans Robert: Literaturgeschichte als Provokation. es 418

Johnson, Uwe: Begleitumstände. Frankfurter Vorlesungen. es 1019

James Joyces ›Ulysses‹. Neuere deutsche Aufsätze. Herausgegeben von Therese Fischer-Seidel. es 826

Kenner, Hugh: Ulysses. Aus dem Englischen von Claus Melchior und Harald Beck. es 1104

Literaturwissenschaft
in der edition suhrkamp

Krippendorff, Ekkehart: Politische Interpretationen. Shakespeare, Stendhal, Balzac, Wagner, Hašek, Kafka, Kraus. es 1576
- »Wie die Großen mit den Menschen spielen.« Goethes Politik. es 1486

Kristeva, Julia: Geschichten von der Liebe. Aus dem Französischen von Dieter Hornig. es 1482
- Die Revolution der poetischen Sprache. Aus dem Französischen übersetzt und mit einer Einleitung versehen von Reinold Werner. es 949
- Schwarze Sonne – Depression und Melancholie. es 1594

Kropotkin, Petr: Ideale und Wirklichkeit in der russischen Literatur. Autorisierte Übersetzung von B. Ebenstein. Neu herausgegeben von Peter Urban. es 762

Kultur und Konflikt. Herausgegeben von Jan Assmann und Dietrich Harth. es 1612

Literatur der DDR in den siebziger Jahren. Herausgegeben von P. U. Hohendahl und P. Herminghouse. es 1174

Literatur ist Utopie. Herausgegeben von Gert Ueding. Mit Beiträgen von Burghart Schmidt, Rolf Grimminger u. a. es 935

Literatur und Literaturtheorie in der DDR. Herausgegeben von Peter Uwe Hohendahl und Patricia Herminghouse. es 779

Literatur und Politik in der Volksrepublik China. Herausgegeben von Rudolf G. Wagner. es 1151

Lüdke, W. Martin: Anmerkungen zu einer »Logik des Zerfalls«: Adorno – Beckett. es 926

Lyon, James K.: Bertolt Brecht und Rudyard Kipling. es 804

Mahony, Peter: Der Schriftsteller Sigmund Freud. Aus dem Englischen von Helmut Junker. es 1484

de Man, Paul: Allegorien der Lektüre. es 1357

Mayer, Hans: Anmerkungen zu Brecht. es 143
- Das Geschehen und das Schweigen. Aspekte der Literatur. es 342

Über Hans Mayer. Herausgegeben von Inge Jens. es 887

Meckel, Christoph: Von den Luftgeschäften der Poesie. Frankfurter Vorlesungen. es 1578

Menninghaus, Winfried: Paul Celan. Magie der Form. es 1026
- Schwellenkunde. Walter Benjamins Passage des Mythos. es 1349

»Mit uns zieht die neue Zeit«. Der Mythos der Jugend. Herausgegeben von Thomas Koebner, Rolf-Peter Janz und Frank Trommler. es 1229

Moser, Tilmann: Romane als Krankengeschichten. Über Handke, Meckel und Martin Walser. es 1304

Mythos und Moderne. Begriff und Bild einer Rekonstruktion. Herausgegeben von Karl Heinz Bohrer. es 1144

Literaturwissenschaft
in der edition suhrkamp

Nach dem Protest. Literatur im Umbruch. Herausgegeben von W. Martin Lüdke. es 964

Naturalismus/Ästhetizismus. Herausgegeben von Christa Bürger, Peter Bürger, Jochen Schulte-Sasse. Hefte für Kritische Literaturwissenschaft 1. es 992

Oehler, Dolf: Pariser Bilder I (1830-1848). Antibourgeoise Ästhetik bei Baudelaire, Daumier und Heine. es 725

– Ein Höllensturz der Alten Welt. Pariser Bilder II. es 1422

Piscator, Erwin: Theater der Auseinandersetzung. Ausgewählte Schriften und Reden. es 883

Reichert, Klaus: Vielfacher Schriftsinn. Zu »Finnegans Wake«. es 1525

Romantik. Literatur und Philosophie. Internationale Beiträge zur Poetik. Herausgegeben von Volker Bohn. es 1395

Rühmkorf, Peter: agar agar – zaurzaurim. Zur Naturgeschichte des Reims und der menschlichen Anklangsnerven. Textillustrationen vom Autor. es 1307

Schlaffer, Hannelore / Heinz Schlaffer: Studien zum ästhetischen Historismus. es 756

Schlaffer, Heinz: Der Bürger als Held. Sozialgeschichtliche Auflösungen literarischer Widersprüche. es 624

Sozialistische Realismuskonzeptionen. Dokumente zum 1. Allunionskongreß der Sowjetschriftsteller. Herausgegeben von Hans-Jürgen Schmitt und Godehard Schramm. es 701

Szondi, Peter: Hölderlin-Studien. Mit einem Traktat über philologische Erkenntnis. es 379

– Theorie des modernen Dramas. es 27

Textsemiotik als Ideologiekritik. Beiträge von Peter V. Zima, Julia Kristeva, Umberto Eco, Algirdas J. Greimas, Hans Günther, Jurij M. Lotman, Jan Mukařovský, Michail Bachtin. Herausgegeben von Peter V. Zima. es 796

Typologie. Internationale Beiträge zur Poetik. Herausgegeben von Volker Bohn. es 1451

Uspenskij, Boris Andreevič: Poetik der Komposition. Struktur des künstlerischen Textes und Typologie der Kompositionsform. Herausgegeben und nach einer revidierten Fassung des Originals bearbeitet von Karl Eimermacher. Aus dem Russischen übersetzt von Georg Mayer. es 673

Vargas Llosa, Mario: Gegen Wind und Wetter. Literatur und Politik. Aus dem Spanischen von Elke Wehr. es 1513

Verteidigung der Schrift. Kafkas »Prozeß«. Herausgegeben von Frank Schirrmacher. es 1386

Literaturwissenschaft
in der edition suhrkamp

Wagner, Nike: Geist und Geschlecht. Karl Kraus und die Erotik der Wiener Moderne. es 1446

Willett, John: Erwin Piscator. Die Eröffnung des politischen Zeitalters auf dem Theater. Aus dem Englischen von Peter Keller. es 924

»Zerstörung, Rettung des Mythos durch Licht«. Herausgeben von Christa Bürger. es 1329

Zimmermann, Hans Dieter: Der babylonische Dolmetscher. Zu Franz Kafka und Robert Walser. es 1316

– Vom Nutzen der Literatur. Vorbereitende Bemerkungen zu einer Theorie der literarischen Kommunikation. es 885

Zum Funktionswandel der Literatur. Herausgegeben von Peter Bürger. Hefte für Kritische Literaturwissenschaft 4. es 1157

Zur Dichotomisierung von hoher und niederer Literatur. Herausgegeben von Christa Bürger, Peter Bürger und Jochen Schulte-Sasse. Hefte für Kritische Literaturwissenschaft 3. es 1089

edition suhrkamp
Eine Auswahl

Abelshauser: Wirtschaftsgeschichte der Bundesrepublik Deutschland 1945-1980. NHB. es 1241
Abendroth: Ein Leben in der Arbeiterbewegung. es 820
Achebe: Okonkwo oder Das Alte stürzt. es 1138
Adam / Moodley: Südafrika ohne Apartheid? es 1369
Adorno: Eingriffe. es 10
– Kritik. es 469
– Ohne Leitbild. es 201
– Stichworte. es 347
Das Afrika der Afrikaner. es 1039
Arbeitslosigkeit in der Arbeitsgesellschaft. es 1212
Aus der Zeit der Verzweiflung. es 840
Bachtin: Die Ästhetik des Wortes. es 967
Barthes: Kritik und Wahrheit. es 218
– Leçon/Lektion. es 1030
– Mythen des Alltags. es 92
– Semiologisches Abenteuer. es 1441
– Die Sprache der Mode. es 1318
Beck, U.: Gegengifte. es 1468
– Risikogesellschaft. es 1365
Becker, Jurek: Warnung vor dem Schriftsteller. es 1601
Beckett: Endspiel. Fin de Partie. es 96
– Flötentöne. es 1098
– Mal vu, mal dit. Schlecht gesehen, schlecht gesagt. es 1119
Benjamin: Aufklärung für Kinder. es 1317
– Briefe. es 930
– Das Kunstwerk im Zeitalter seiner technischen Reproduzierbarkeit. es 28
– Moskauer Tagebuch. es 1020
– Das Passagen-Werk. es 1200
– Versuche über Brecht. es 172
– Zur Kritik der Gewalt und andere Aufsätze. es 103
Bernhard: Der deutsche Mittagstisch. es 1480
– Prosa. es 213
Bertaux: Hölderlin und die Französische Revolution. es 344
Biesheuvel: Schrei aus dem Souterrain. es 1179
Bildlichkeit. es 1475
Bloch: Abschied von der Utopie? es 1046
– Kampf, nicht Krieg. es 1167
Boal: Theater der Unterdrückten. es 1361
Böhme, Helmut: Prolegomena zu einer Sozial- und Wirtschaftsgeschichte Deutschlands im 19. und 20. Jahrhundert. es 253
Bohrer: Die Kritik der Romantik es 1551
– Der romantische Brief. es 1582
Bond: Gesammelte Stücke. es 1340
Botzenhart: Reform, Restauration, Krise. NHB. es 1252
Bovenschen: Die imaginierte Weiblichkeit. es 921
Brandão: Kein Land wie dieses. es 1236
Brasch: Frauen. Krieg. Lustspiel. es 1469
– Lovely Rita. Rotter. Lieber Georg. es 1562

edition suhrkamp
Eine Auswahl

Braun, V.: Verheerende Folgen mangelnden Anscheins innerbetrieblicher Demokratie. es 1473

Brecht: Der aufhaltsame Aufstieg des Arturo Ui. es 144
- Aufstieg und Fall der Stadt Mahagonny. es 21
- Ausgewählte Gedichte. es 86
- Baal. es 170
- Buckower Elegien. es 1397
- Die Dreigroschenoper. es 229
- Furcht und Elend des Dritten Reiches. es 392
- Gesammelte Gedichte. Bd. 1-4. es 835-838
- Die Geschäfte des Herrn Julius Caesar. es 332
- Die Gesichte der Simone Machard. es 369
- Die Gewehre der Frau Carrar. es 219
- Der gute Mensch von Sezuan. es 73
- Die heilige Johanna der Schlachthöfe. es 113
- Herr Puntila und sein Knecht Matti. es 105
- Im Dickicht der Städte. es 246
- Der kaukasische Kreidekreis. es 31
- Leben des Galilei. es 1
- Leben Eduards des Zweiten von England. es 245
- Mann ist Mann. es 259
- Die Mutter. es 200
- Mutter Courage und ihre Kinder. es 49
- Der Ozeanflug. Die Horatier und die Kuratier. Die Maßnahme. es 222
- Prosa. Bd. 1-4. es 182-185
- Schweyk im zweiten Weltkrieg. es 132
- Die Tage der Commune. es 169
- Trommeln in der Nacht. es 490
- Der Tui-Roman. es 603
- Über den Beruf des Schauspielers. es 384
- Über Lyrik. es 70
- Über Politik auf dem Theater. es 465
- Über Politik und Kunst. es 442
- Über Realismus. es 485
- Das Verhör des Lukullus. es 740

Brunkhorst: Der Intellektuelle im Land der Mandarine. es 1403

Bubner: Ästhetische Erfahrung. es 1564

Buch: Der Herbst des großen Kommunikators. es 1344
- Waldspaziergang. es 1412

Bürger, P.: Theorie der Avantgarde. es 727

Celan: Ausgewählte Gedichte. Zwei Reden. es 262

Cortázar: Letzte Runde. es 1140
- Das Observatorium. es 1527
- Reise um den Tag in 80 Welten. es 1045

Denken, das an der Zeit ist. es 1406

Derrida: Die Stimme und das Phänomen. es 945

Determinanten der westdeutschen Restauration 1945-1949. es 575

Dinescu: Exil im Pfefferkorn. es 1589

Ditlevsen: Sucht. es 1009

edition suhrkamp
Eine Auswahl

Ditlevsen: Wilhelms Zimmer. es 1076

Doi: Amae – Freiheit in Geborgenheit. es 1128

Dröge / Krämer-Badoni: Die Kneipe. es 1380

Dubiel: Was ist Neokonservatismus? es 1313

Duerr: Traumzeit. es 1345

Duras: Eden Cinéma. es 1443
- La Musica Zwei. es 1408
- Sommer 1980. es 1205
- Vera Baxter oder Die Atlantikstrände. es 1389

Eco: Zeichen. es 895

Eich: Botschaften des Regens. es 48

Elias: Humana conditio. es 1384

Norbert Elias über sich selbst. es 1590

Enzensberger: Blindenschrift. es 217
- Einzelheiten I. es 63
- Einzelheiten II. es 87
- Die Furie des Verschwindens. es 1066
- Landessprache. es 304
- Palaver. es 696
- Das Verhör von Habana. es 553

Esser: Gewerkschaften in der Krise. es 1131

Faszination der Gewalt. es 1141

Feminismus. Inspektion der Herrenkultur. es 1192

Feyerabend: Erkenntnis für freie Menschen. es 1011
- Wissenschaft als Kunst. es 1231

Fortschritte der Naturzerstörung. es 1489

Foucault: Psychologie und Geisteskrankheit. es 272

Frank: Gott im Exil. es 1506

Frank, M.: Der kommende Gott. es 1142
- Motive der Moderne. es 1456
- Die Unhintergehbarkeit von Individualität. es 1377
- Was ist Neostrukturalismus? es 1203

Frevert: Frauen- Geschichte. NHB. es 1284

Frisch: Biedermann und die Brandstifter. es 41
- Die Chinesische Mauer. es 65
- Don Juan oder Die Liebe zur Geometrie. es 4
- Frühe Stücke. es 154
- Graf Öderland. es 32

Gerhard: Verhältnisse und Verhinderungen. es 933

Geyer: Deutsche Rüstungspolitik 1860-1980. NHB. es 1246

Goetz: Krieg/Hirn. es 1320

Goffman: Asyle. es 678
- Geschlecht und Werbung. es 1085

Gorz: Der Verräter. es 988

Gstrein: Einer. es 1483

Habermas: Eine Art Schadensabwicklung. es 1453
- Legitimationsprobleme im Spätkapitalismus. es 623
- Die nachholende Revolution. es 1663
- Die Neue Unübersichtlichkeit. es 1321
- Technik und Wissenschaft als Ideologie. es 287
- Theorie des kommunikativen Handelns. es 1502

Hänny: Zürich, Anfang September. es 1079

edition suhrkamp
Eine Auswahl

Handke: Die Innenwelt der Außenwelt der Innenwelt. es 307
- Kaspar. es 322
- Langsam im Schatten. es 1600
- Phantasien der Wiederholung. es 1168
- Publikumsbeschimpfung und andere Sprechstücke. es 177

Happel: Grüne Nachmittage. es 1570

Henrich: Konzepte. es 1400

Hentschel: Geschichte der deutschen Sozialpolitik 1880-1980. NHB. es 1247

Hesse: Tractat vom Steppenwolf. es 84

Die Hexen der Neuzeit. es 743

Irigaray: Speculum. es 946

Jahoda / Lazarsfeld / Zeisel: Die Arbeitslosen von Marienthal. es 769

Jakobson: Kindersprache, Aphasie und allgemeine Lautgesetze. es 330

Jasper: Die gescheiterte Zähmung. NHB. es 1270

Jauß: Literaturgeschichte als Provokation. es 418

Johnson: Begleitumstände. es 1019
- Der 5. Kanal. es 1336
- Jahrestage. es 1500
- Porträts und Erinnerungen. es 1499
- Versuch, einen Vater zu finden. Marthas Ferien. es 1416

Jones: Frauen, die töten. es 1350

Joyce: Werkausgabe in sechs Bänden. es 1434-1439
- Finnegans Wake. es 1524
- Penelope. es 1106

Kenner: Ulysses. es 1104

Kiesewetter: Industrielle Revolution in Deutschland 1815-1914. NHB. es 1539

Kindheit in Europa. es 1209

Kipphardt: In der Sache J. Robert Oppenheimer. es 64

Kirchhoff: Body-Building. es 1005

Kluge, A.: Gelegenheitsarbeit einer Sklavin. es 733
- Lernprozesse mit tödlichem Ausgang. es 665
- Neue Geschichten. Hefte 1-18. es 819
- Schlachtbeschreibung. es 1193

Kluge, U.: Die deutsche Revolution 1918/1919. NHB. es 1262

Koeppen: Morgenrot. es 1454

Kolbe: Bornholm II. es 1402
- Hineingeboren. es 1110

Konrád: Antipolitik. es 1293
- Stimmungsbericht. es 1394

Kriegsursachen. es 1238

Krippendorff: Staat und Krieg. es 1305
- »Wie die Großen mit den Menschen spielen.« es 1486

Kristeva: Geschichten von der Liebe. es 1482
- Die Revolution der poetischen Sprache. es 949

Kroetz: Bauern sterben. es 1388
- Furcht und Hoffnung der BRD. es 1291
- Heimarbeit. Hartnäckig. Männersache. es 473
- Mensch Meier. Der stramme Max. Wer durchs Laub geht ... es 753

edition suhrkamp
Eine Auswahl

Kroetz: Nicht Fisch nicht Fleisch. Verfassungsfeinde. Jumbo-Track. es 1094
- Oberösterreich. Dolomitenstadt Lienz. Maria Magdalena. Münchner Kindl. es 707
- Stallerhof. Geisterbahn. Lieber Fritz. Wunschkonzert. es 586

Krolow: Ausgewählte Gedichte. es 24

Laederach: Fahles Ende kleiner Begierden. es 1075
- Der zweite Sinn. es 1455

Lehnert: Sozialdemokratie zwischen Protestbewegung und Regierungspartei 1848-1983. NHB. es 1248

Lem: Dialoge. es 1013

Lenz, H.: Leben und Schreiben. es 1425

Leroi-Gourhan: Die Religionen der Vorgeschichte. es 1073

Leutenegger: Lebewohl, Gute Reise. es 1001
- Das verlorene Monument. es 1315

Lévi-Strauss: Das Ende des Totemismus. es 128
- Mythos und Bedeutung. es 1027

Die Listen der Mode. es 1338

Löwenthal: Mitmachen wollte ich nie. es 1014

Lohn: Liebe. es 1225

Lukács: Gelebtes Denken. es 1088

Maeffert: Bruchstellen. es 1387

Marcus: Umkehrung der Moral. es 903

Marcuse: Ideen zu einer kritischen Theorie der Gesellschaft. es 300

- Konterrevolution und Revolte. es 591
- Kultur und Gesellschaft 1. es 101
- Kultur und Gesellschaft 2. es 135
- Versuch über die Befreiung. es 329

Maruyama: Denken in Japan. es 1398

Mattenklott: Blindgänger. es 1343

Mayer: Anmerkungen zu Brecht. es 143
- Gelebte Literatur. es 1427
- Versuche über die Oper. es 1050

Mayröcker: Magische Blätter. es 1202
- Magische Blätter II. es 1421

McKeown: Die Bedeutung der Medizin. es 1109

Meckel: Von den Luftgeschäften der Poesie. es 1578

Medienmacht im Nord-Süd-Konflikt: Die neue Internationale Informationsordnung. Friedensanalysen Bd. 18. es 1166

Meier, Chr.: Die Ohnmacht des allmächtigen Dictators Caesar. es 1038

Menninghaus: Paul Celan. es 1026

Menzel / Senghaas: Europas Entwicklung und die Dritte Welt. es 1393

Miłosz: Zeichen im Dunkel. es 995

Mitscherlich: Freiheit und Unfreiheit in der Krankheit. es 505

edition suhrkamp
Eine Auswahl

Mitscherlich: Krankheit als Konflikt. es 237
- Die Unwirtlichkeit unserer Städte. es 123

Mitterauer: Sozialgeschichte der Jugend. NHB. es 1278

Möller: Vernunft und Kritik. NHB. es 1269

Moser: Eine fast normale Familie. es 1223
- Der Psychoanalytiker als sprechende Attrappe. es 1404
- Romane als Krankengeschichten. es 1304

Muschg: Literatur als Therapie? es 1065

Mythos ohne Illusion. es 1220

Mythos und Moderne. es 1144

Nakane: Die Struktur der japanischen Gesellschaft. es 1204

Die neue Friedensbewegung. es 1143

Ngũgĩ wa Thiong'o: Der gekreuzigte Teufel. es 1199

Nizon: Am Schreiben gehen. es 1328

Oehler: Pariser Bilder I (1830-1848). es 725
- Ein Höllensturz der Alten Welt. es 1422

Oppenheim: Husch, husch, der schönste Vokal entleert sich. es 1232

Paetzke: Andersdenkende in Ungarn. es 1379

Paley: Ungeheure Veränderungen in letzter Minute. es 1208

Paz: Der menschenfreundliche Menschenfresser. es 1064
- Suche nach einer Mitte. es 1008
- Zwiesprache. es 1290

Petri: Schöner und unerbittlicher Mummenschanz. es 1528

Politik der Armut und Die Spaltung des Sozialstaats. es 1233

Populismus und Aufklärung. es 1376

Powell: Edisto. es 1332
- Eine Frau mit Namen Drown. es 1516

Psychoanalyse der weiblichen Sexualität. es 697

Pusch: Alle Menschen werden Schwestern. es 1565
- Das Deutsche als Männersprache. es 1217

Raimbault: Kinder sprechen vom Tod. es 993

Ribeiro, D.: Unterentwicklung, Kultur und Zivilisation. es 1018
- Wildes Utopia. es 1354

Ribeiro, J. U.: Sargento Getúlio. es 1183

Rodinson: Die Araber. es 1051

Roth: Die einzige Geschichte. es 1368
- Das Ganze ein Stück. es 1399
- Krötenbrunnen. es 1319

Rubinstein: Nichts zu verlieren und dennoch Angst. es 1022
- Sterben kann man immer noch. es 1433

Rühmkorf: agar agar – zaurzaurim. es 1307

Russell: Probleme der Philosophie. es 207
- Wege zur Freiheit. es 447

Schedlinski: die rationen des ja und des nein. es 1606

Schindel: Geier sind pünktliche Tiere. es 1429
- Im Herzen die Krätze. es 1511

edition suhrkamp
Eine Auswahl

Schleef: Die Bande. es 1127
Schönhoven: Die deutschen Gewerkschaften. NHB. es 1287
Schrift und Materie der Geschichte. es 814
Schröder: Die Revolutionen Englands im 17. Jahrhundert. NHB. es 1279
Schubert: Die internationale Verschuldung. es 1347
Das Schwinden der Sinne. es 1188
Sechehaye: Tagebuch einer Schizophrenen. es 613
Segbers: Der sowjetische Systemwandel. es 1561
Senghaas: Europa 2000. es 1662
– Konfliktformationen im internationalen System. es 1509
– Von Europa lernen. es 1134
– Die Zukunft Europas. es 1339
Sieferle: Die Krise der menschlichen Natur. es 1567
Simmel: Schriften zur Philosophie und Soziologie der Geschlechter. es 1333
Sloterdijk: Der Denker auf der Bühne. es 1353
– Eurotaoismus. es 1450
– Kopernikanische Mobilmachung und ptolemäische Abrüstung. es 1375
– Kritik der zynischen Vernunft. es 1099
Söllner, W.: Kopfland. Passagen. es 1504
Staritz: Geschichte der DDR 1949-1985. NHB. es 1260
Stichworte zur ›Geistigen Situation der Zeit‹. 2 Bde. es 1000
Struck: Kindheits Ende. es 1123
– Klassenliebe. es 629

Szondi: Theorie des modernen Dramas. es 27
Techel: Es kündigt sich an. es 1370
Tendrjakow: Sechzig Kerzen. es 1124
Thiemann: Kinder in den Städten. es 1461
– Schulszenen. es 1331
Thompson: Die Entstehung der englischen Arbeiterklasse. es 1170
Thränhardt: Geschichte der Bundesrepublik Deutschland. NHB. es 1267
Todorov: Die Eroberung Amerikas. es 1213
Treichel: Liebe Not. es 1373
Vargas Llosa: Gegen Wind und Wetter. es 1513
– La Chunga. es 1555
Vernant: Die Entstehung des griechischen Denkens. es 1150
– Mythos und Gesellschaft im alten Griechenland. es 1381
Vom Krieg der Erwachsenen gegen die Kinder. es 1190
Vor der Jahrtausendwende: Berichte zur Lage der Zukunft. es 1550
Walser, M.: Ein fliehendes Pferd. es 1383
– Geständnis auf Raten. es 1374
– Selbstbewußtsein und Ironie. es 1090
– Über Deutschland reden. es 1553
– Wie und wovon handelt Literatur. es 642
Weiss, P.: Abschied von den Eltern. es 85

edition suhrkamp
Eine Auswahl

Weiss, P.: Die Ästhetik des Widerstands. es 1501
- Die Besiegten. es 1324
- Fluchtpunkt. es 125
- Das Gespräch der drei Gehenden. es 7
- Der neue Prozeß. es 1215
- Notizbücher 1960-1971. es 1135
- Notizbücher 1971-1980. es 1067
- Rapporte. es 276
- Rapporte 2. es 444
- Der Schatten des Körpers des Kutschers. es 53
- Stücke I. es 833
- Stücke II. 2 Bde. es 910
- Verfolgung … Marat/Sade. es 68

Sinclair (P. Weiss): Der Fremde. es 1007

Peter Weiss im Gespräch. es 1303

Die Wiederkehr des Körpers. es 1132

Wippermann: Europäischer Faschismus im Vergleich 1922-1982. NHB. es 1245

Wirz: Sklaverei und kapitalistisches Weltsystem. NHB. es 1256

Wissenschaft im Dritten Reich. es 1306

Wittgenstein: Tractatus logico-philosophicus. es 12

Wünsche: Der Volksschullehrer Ludwig Wittgenstein. es 1299

Ziviler Ungehorsam im Rechtsstaat. es 1214